Robin Goodfellow

Crise du capital, crise de l'entreprise

Sommaire

Introduction

En défense du marxisme

Contre vents et marées, nous avons défendu, depuis trente-cinq ans, la théorie marxiste des crises, montrant que la production capitaliste connaissait régulièrement (cycle d'environ 6 ans depuis la deuxième guerre mondiale), des crises de surproduction.

Cette théorie nous l'avons défendue d'abord contre l'ennemi bourgeois qui, de « trente glorieuses » en « crise du pétrole » a confirmé ce que Marx avait montré dès 1848 : la faillite de la science économique (économie politique), tout juste bonne à défendre les intérêts du capital, mais certes pas à délivrer une compréhension scientifique, rationnelle, des phénomènes à l'œuvre dans la société. L'adoption du terme « récession » pour ne pas parler de crise, durant des années, en dit long sur cette capitulation. Ensuite, contre les expressions du marxisme officiel, celui des « partis communistes » qui avaient rompu du tout au tout avec la perspective des crises catastrophiques et, du même coup, avec la défense de la perspective révolutionnaire.

Mais nous avons dû aussi la défendre, dans notre propre camp, chez ceux qui n'avaient pas abandonné l'engagement communiste internationaliste, contre des expressions dégénérées du marxisme, comme l'inepte théorie de la « décadence du capitalisme » qui, en théorisant une crise permanente niait par la même occasion l'existence des crises cycliques de surproduction.

La crise qui, en 2008, après celles de 2000-2001, 1993, 1987, 1981-82, 1975 pour ne parler que des plus récentes, a frappé d'abord le secteur de la finance avant de se déplacer dans la sphère productive a remis en partie les pendules à l'heure, même si pour ce qui concerne les explications de fond – malgré quelques coups de chapeau à Marx pour sa vision de la crise du capitalisme (mais jamais bien sûr en tant que théoricien de la révolution) – nous avons toujours à faire aux mêmes inepties.

Reconnaître la crise (et on voit mal, devant les faits comment cela ne serait pas possible aujourd'hui) est une chose[1] en analyser les répercussions

---

[1] Si à peine sortie de la crise de 2008-2009, l'Europe y replonge à partir de la fin 2011 tout en se débattant face aux conséquences de l'endettement des Etats, il ne

concrètes, quotidiennes, sur le fonctionnement de l'économie capitaliste en est une autre.

Un épisode de crise ne signifie pas l'arrêt brutal de toute la production, ni la faillite soudaine de toutes les entreprises. Elle provoque une contraction violente de l'activité, variable selon les secteurs et elle est souvent l'occasion de recompositions au sein de la sphère productive et d'un remodelage de la concurrence (telle entreprise en rachète telle autre au bord de la faillite, etc.). Elle précipite des pans entiers du prolétariat et des classes moyennes dans le chômage et la misère et détruit des masses considérables de valeur et de plus-value.

Ce chaos est évidemment propice à l'agitation révolutionnaire, mais il n'y a pas de relation de cause à effet entre crise et possibilité de reprise d'un cours révolutionnaire ouvrant la voie à la prise du pouvoir politique.

La petite entreprise, notre bête noire

A partir d'un cas concret exposé dans le livre d'un jeune entrepreneur capitaliste qui témoigne de sa faillite[2], nous nous livrerons à une analyse de la façon dont la crise frappe concrètement ce que les commentateurs appellent sottement « l'économie réelle ».

L'entreprise, comme entité juridique, est la cellule de base du mode de production capitaliste. Quel que soit son mode de propriété, appartenant directement au capitaliste, ou à des actionnaires, des fonds de pension ou à l'état, c'est une forme qui a permis le développement de l'économie capitaliste depuis le 14° siècle, mais qui est aujourd'hui totalement obsolète, improductive et antisociale. La socialisation croissante des moyens de production opérée par le mode de production capitaliste la rend de plus en plus inapte et le régime de la concurrence qui la caractérise entraîne des retards désastreux dans le développement de la société. L'organisation collective de la production et de l'ensemble des fonctions de reproduction de la vie sociale est une tâche des plus impérieuses, mais elle ne pourra véritablement aboutir qu'avec la réalisation d'une révolution communiste mondiale.

---

faut pas oublier que l'économie mondiale continue à croître et particulièrement dans des pays dits émergents comme le Brésil, l'Inde, la Chine, ce qui n'exclut pas qu'elle puisse connaître des crises.

[2] Doucerain Nicolas, Ma petite entreprise a connu la crise, François Bourin éditeur, 2011.

Un des grands mérites du mode de production capitaliste est de créer les conditions de son propre dépassement, au moyen de ces développements que sont la concentration et la centralisation du capital et l'augmentation générale de la productivité du travail. Plus il se concentre et se centralise, plus le capital est à même de bénéficier et d'éprouver pleinement les apports de la science à la production et de favoriser le progrès technique (que par ailleurs il freine dès lors qu'il est en situation de monopole ou tout simplement parce que les salaires ne sont pas assez élevés pour justifier l'emploi de moyens de production qui pourtant permettraient de réduire le temps de travail) qui, une fois la société débarrassée du mercantilisme et du carcan du salariat permettra au travail libre d'œuvrer à la satisfaction des besoins humains dans le respect du rapport organique entre l'homme et la nature.

Cependant, l'évolution du capital ne se traduit pas de manière linéaire par une progression toujours accrue vers la centralisation des moyens de production au sein d'un nombre restreint de groupes Si cette tendance se confirme, et de plus en plus au niveau mondial[3], parallèlement, comme le montrait très bien Rosa Luxembourg[4], renaissent en permanence des

---

[3] Par exemple « L'étude ***The network of global corporate control*** (Le réseau du contrôle global des sociétés), publié en septembre 2011 dans la revue *ScienceNews* est une première qui identifie le réseau du pouvoir au moyen de données scientifiques. Les théoriciens des systèmes complexes de l'**Ecole Polytechnique fédérale de Zurich,** ont analysé les liens (participations actionnaires croisées) existant entre 43'060 multinationales. (…) Un noyau encore plus concentré de **147 multinationales** a été isolé au sein de ce groupe. Cette super entité contrôle 40% environ de la valeur totale des multinationales. »http://www.Swissinfo.ch/fre
/economie/Une_poignee_de_firmes_controle_l_economie_mondiale.html?cid=31495932 voir aussi http://lemonde-emploi.blog.lemonde.fr/2011/11/29/un-noeud-de-147-societes-au-coeur-de-l%E2%80%99economie-mondiale-et-un-special retraites-dans-le-monde-economie/

[4] « Reste un phénomène qui, d'après Bernstein, contredirait la tendance ci-dessus indiquée du développement capitaliste : C'est la « phalange inébranlable » des entreprises moyennes. Il voit dans leur existence un signe que le développement de la grande industrie n'a pas une influence aussi révolutionnaire du point de vue de la concentration des entreprises que ne le croient les tenants de la « théorie de la catastrophe ». Mais il est ici encore victime d'un malentendu qu'il a lui-même créé. Cela serait en effet mal comprendre le développement de la grande industrie que de s'imaginer qu'il entraîne nécessairement la disparition progressive des entreprises moyennes.

Dans le cours général du développement capitaliste, les petits capitaux jouent d'après la théorie marxiste, le rôle de pionniers de la révolution technique et ceci à un double titre : d'abord, en ce qui concerne les méthodes nouvelles de petites entreprises que le jeu de la concurrence amène à être elles-mêmes absorbées dans de plus vastes ensemble ou à disparaître[5]. Et ceci durera

---

production dans les anciennes branches fortement enracinées, ensuite dans la création de nouvelles branches de production non encore exploitées par les gros capitaux. On aurait donc tort de se figurer l'histoire des entreprises moyennes comme une ligne droite descendante qui irait du déclin progressif jusqu'à la disparition totale. L'évolution réelle est ici encore dialectique ; elle oscille sans cesse entre des contradictions. Les classes moyennes capitalistes se trouvent tout comme la classe ouvrière sous l'influence de deux tendances antagonistes, l'une ascendante, l'autre descendante. La tendance descendante est la croissance continue de l'échelle de la production qui déborde périodiquement le cadre des capitaux moyens, les écartant régulièrement du champ de la concurrence mondiale. La tendance ascendante est constituée par la dépréciation périodique du capital existant qui fait baisser pour un certain temps l'échelle de la production selon la valeur du capital minimum nécessaire, ainsi que la pénétration de la production capitaliste dans les sphères nouvelles. Il ne faut pas regarder la lutte des entreprises moyennes contre le grand capital comme une bataille en règle ou la partie la plus faible verrait de plus -en plus diminuer et fondre ses troupes en nombre absolu ; c'est plutôt comme si de petits capitaux étaient périodiquement fauchés pour s'empresser de repousser afin d'être fauchés à nouveau par la grande industrie. Des deux tendances qui se disputent le sort des classes moyennes capitalistes, c'est finalement la tendance descendante qui l'emporte. L'évolution est ici inverse de celle de la classe ouvrière. Cela ne se manifeste pas nécessairement dans une diminution numérique absolue des entreprises moyennes ; il peut y avoir 1° une augmentation progressive du capital minimum nécessaire au fonctionnement des entreprises dans les anciennes branches de la production ; 2° une diminution constante de l'intervalle de temps pendant lequel les petits capitaux conservent l'exploitation des nouvelles branches de la production. Il en résulte pour le petit capital individuel une durée d'existence de plus en plus brève et un changement de plus en plus rapide des méthodes de production ainsi que de la nature des investissements, Pour la classe moyenne dans son ensemble il en résulte une accélération du métabolisme social. » (Rosa Luxembourg, Réforme ou révolution. http://classiques.uqac.ca/classiques/luxemburg_rosa/oeuvres_1/oeuvres_1.html ou www.marxists.org)

[5] La statistique suivante qui suit l'évolution dans le temps du nombre des entreprises américaines créées en 1977 avec un minimum de 1 salarié, illustre bien le fait qu'il faut croître ou périr.

(Source: Longitudinal Business Database 1977-2009)

tant que le mode de production capitaliste ne sera pas renversé par la force de la révolution prolétarienne.

Ainsi la France, encore septième puissance économique mondiale, présente un tableau contrasté de la répartition entre « petites » et grandes entreprises.

	Micro entreprises <10 personnes	PME non micro De 10 à 250 personnes	ETI (taille intermédiaire) De 250 à 5000 personnes	Grandes entreprises > 5000 personnes
Nombre	2 660 000	162 400	4 510	242
% des entreprises	94%	5%	<1%o	<1%oo
% de l'emploi salarié	21%	29%	20%	30%
% valeur ajoutée	19%	25%	22%	34%

Source : Insee Première, n°1321, novembre 2010

Ainsi, 50% de la population active salariée employée relève d'entités qui regroupent moins de 250 salariés et 21% (soit cinq millions de salariés) de moins de 10 salariés.

Nombre d'entreprises créées en 1977	**Effectif salarié**										
Age de la l'entreprise	**1 à 4 sal.**	**5 à 9**	**10 à 19**	**20 à 49**	**50 à 99**	**100 à 249**	**250 à 499**	**500 à 999**	**1000 à 2499**	**2500 à 4999**	**5000 à 9999**
0	480 986	49 450	20 566	9 293	2 051	764	134	56	17	1	4
Après 5 ans	122 035	54 103	31 333	18 197	5 267	2 651	673	214	109	25	15
Après 6 ans	112 833	49 604	28 788	17 093	4 981	2 584	660	245	121	23	19
Après 11 ans	69 736	35 483	22 323	14 507	4 916	2 781	812	345	214	67	27
Après 16 ans	49 640	26 142	17 369	12 197	4 431	2 846	897	399	241	81	46
Après 21 ans	35 353	19 455	13 621	10 411	4 239	2 925	883	466	283	110	50
Après 26 ans	25 515	14 286	10 522	8 291	3 483	2 525	930	433	274	99	56

Si, du point de vue révolutionnaire, la socialisation sur la base des 219 très grandes entreprises, et de tout ou partie des 4 510 ETI ne pose pas de problème et ouvre rapidement la voie à leur fusion en une seule entité de production par branche ou par type d'activité, il n'en va pas de même de cette masse de petites et très petites entreprises.

Le parti révolutionnaire devra avoir vis-à-vis d'elles le même type de politique que les partis ouvriers avaient envers la paysannerie : développer au maximum le regroupement, la concentration, la mutualisation des équipements de façon à rompre la logique de la propriété privée et entamer un mouvement irréversible de socialisation des activités présentes dans ce secteur.

Ceci n'est toutefois pas suffisant, en premier lieu il sera nécessaire d'éliminer purement et simplement toutes les activités antisociales, soit parce qu'elles fabriquent des biens inutiles (il s'agit dans ce cas de capital productif), soit parce qu'elles sont directement liées au caractère mercantile inhérent à la société capitaliste ou accomplissent des fonctions qui sont purement liées à l'organisation capitaliste de la société.

Le cas du conseil en ressources humaines

L'exemple que nous prenons dans ce texte appartient au secteur du conseil en général et particulièrement le conseil en recrutement et ressources humaines. L'activité liée à la gestion du personnel, qu'elle soit interne ou externe à l'entreprise est un exemple de fonction qui s'est autonomisée et professionnalisée avec le développement de la société capitaliste, depuis la fonction paie jusqu'au « management » des ressources humaines.

Globalement, ce secteur occupe une part non négligeable de la force de travail total. Il existe (Insee) près de 5 000 entreprises qui officient dans les ressources humaines (entre autres le « placement de main d'œuvre) et qui emploient au total près de 50.000 personnes, auxquelles il faut ajouter les 42 000 agents de Pôle Emploi chargés d'encadrer, de policer et d'indemniser la masse des chômeurs soit un total d'environ 100.000 personnes auxquelles il faut ajouter le personnel permanent des agences d'intérim (la seule Manpower, par exemple affiche sur son site 4 400 salariés en France) et tout le secteur de la formation dans ce domaine, en dehors et dans l'université (Bts, masters…). La fonction elle-même au sein des entreprises regroupe, selon certains experts, 2% de la masse des salariés, dans les entreprises dépassant 2000 personnes sachant qu'elle est peu autonomisée dans les « petites entreprises » et souvent confiée, dans ses aspects techniques à des cabinets comptables (fiches de paie). Si nous prenons uniquement les entreprises de plus de 5 000 salariés qui occupent, nous l'avons vu, 30% de la force de travail salariée totale soit environ 7 millions de personnes, nous obtenons 140.000 personnes[6]. On peut encore ajouter les institutions prud'homales, avocats et toutes les instances qui n'existent qu'en fonction des conflits liés à la lutte des classes. Nous avons donc, sur une base réduite qui ne prend pas en compte la totalité de la population active, un total approximatif de 250 à 300 000 salariés qui s'occupent de « ressources humaines ».

Ce n'est pas forcément un choix de notre part de travailler sur ce thème, mais il se trouve que c'est l'activité de l'auteur de ce livre qui, lui, nous renseigne de manière plus précise sur la façon dont le déroulé de la crise affecte concrètement une entreprise.

Mais restons donc sur ce secteur : les « ressources humaines » ou gestion de personnel pour parler clair sont directement liées à la hiérarchie sociale et à la nécessité de discipliner la force de travail pour l'entreprise capitaliste. Pour autant qu'elle accomplisse une fonction sociale utile, celle-ci se résume à la circulation des personnes et des compétences et aux fonctions de mesure de l'activité des employés (paie, gestion des congés, etc.). Tout le reste relève de la gestion de la lutte des classes.

Que resterait-il d'une telle activité (dont nous avons vu qu'elle occupe plusieurs centaines de milliers de personnes) dans une société de travailleurs libres, une société communiste ?

Cette dernière se caractérise par l'abolition de la division sociale du travail, par la réduction drastique du temps de travail nécessaire (libérant ainsi un temps pour l'activité libre, l'investissement dans les affaires communes, la création, la recherche, l'innovation…) et la formation d'individus polyvalents, riches de connaissances à la fois scientifiques, pratiques, artistiques et techniques.

L'une des clés de l'abolition de la division du travail est la rotation des tâches et des fonctions. Marx évoquait, de façon romantique l'individu qui était pêcheur le matin, chasseur le soir… il est plus probable qu'il faille

---

[6] Par exemple, France Telecom (150 000 salariés) occupait en 2002 une DRH de 3 200 personnes. Une interview concédée au journal du net par un quidam de cette direction http://emploi.journaldunet.com/magazine/1306/ en 2002, nous apprend qu'un des objectifs était de faire passer ce chiffre à 800 grâce à l'utilisation des technologies informatiques dites « e-grh ».

envisager cette rotation sur la durée totale de la vie dès lors que la formation pour exercer certaines activités particulières exige plusieurs mois d'adaptation. D'autre part, pour des raisons d'évolution technique (l'arrêt de la fabrication d'un type de bien devenu obsolète), ou de durée des projets (la construction d'un bâtiment par exemple), la force de travail peut avoir besoin de se déplacer d'un secteur à l'autre, occasionnant des mouvements permanents, d'autant plus que le processus se déroule à l'échelle internationale. De la fonction « technique » de ces officines de recrutement, reste alors uniquement la mise en contact de l'offre et de la demande par le biais d'une base de données unique et centralisée qui recense tous les lieux et fonctions où des besoins existent et qui permette aux individus de choisir où et quelle activité ils ont envie d'exercer, toutes choses que mettent en place à leur échelle et dans un but limité, aussi bien Pôle Emploi que des réseaux sociaux spécialisés ou les sites d'annonces, etc.

Par ailleurs, la société développe un besoin de comptabilité sociale accrue, là où, dans la société capitaliste, c'est le mouvement aveugle du marché qui régule après coup les aléas de la production et de l'emploi, ravageant au passage des vies humaines dont cette société n'a que faire : désœuvrement, dépression, divorce, suicide, plongée dans le dénuement, décès… accompagnent les « plans sociaux » et les licenciements, collectifs ou individuels.

Entre le mode de production capitaliste et la société communiste développée, dans la phase inférieure de la société communiste, il sera mis en place un système de bon de travail, une contremarque sociale, qui n'est pas de l'argent (il ne circule ni ne s'échange), et qui sert à valider la participation de l'individu au travail de la communauté et lui permet de disposer, pour la partie du temps de travail affectée à la consommation individuelle, des biens individuels nécessaires à sa vie (sachant que par ailleurs cette société connaîtra d'importants bouleversements dans tous les aspects de la vie : l'habitat, l'alimentation, les activités domestiques…)

L'administration de ce bon de travail comme de la « bourse d'échanges » pour concrétiser la rotation des tâches restent des tâches techniques qui demandent l'affectation d'une force de travail, mais dans des effectifs significativement réduits par rapport à ce qui existe actuellement. On peut donc facilement imaginer que la force de travail sociale nécessaire pour accomplir ces tâches de régulation très largement inférieure à ce qu'elle est actuellement, permettant de réduire d'autant le temps de travail global.

Mais venons en donc à l'expérience relatée par notre petit capitaliste.

Un livre exemplaire

Son livre peut être qualifié « d'exemplaire », en tant que plongée dans la psychologie du capitaliste et comme récit des vicissitudes d'une petite entreprise frappée par la crise.

Dans cet ouvrage, Nicolas Doucerain, un jeune capitaliste qui dirige une société de conseil en recrutement, nous raconte comment sa société, Solic, s'est retrouvée en dépôt de bilan et en redressement judiciaire après avoir licencié plus des 2/3 de ses effectifs.

Même s'il ne nous fournit pas tous les éléments pour apprécier au mieux les circonstances qui vont balayer l'entreprise, même si nous sommes très loin d'être dans les pas de César Birotteau, il est un témoignage intéressant de la manière dont la crise se propage à partir du moment où elle a éclaté dans la sphère financière.

Ce livre est aussi un modèle du genre en matière de fausse conscience, d'idéologie de la classe dominante. Les représentations qui peuplent le cerveau des capitalistes et dont ils s'illusionnent, sont faites de méconnaissance de la société, d'incapacité à dépasser un horizon d'autant plus étriqué que l'entreprise est petite. Nous le verrons donc en prise avec son intérêt immédiat, son pouvoir, son petit royaume ou plutôt, comme il s'identifie à Napoléon quand ce n'est pas à Barack Obama, son petit Empire.

Nous ne personnaliserons pas outre mesure, ces commentaires. Il n'y a ici aucun acharnement contre la personne, même si c'est un cas précis qui est disséqué. C'est en tant que témoignage d'un représentant type de la classe capitaliste que nous le considérerons (même si les lois de la statistique nous l'interdisent) afin d'en tirer le plus possible d'enseignements généraux.

Exploitation de la petite entreprise par la grande

Notre homme dirige une société de services. En l'occurrence, il aide les sociétés à recruter leur personnel. Certaines de ces sociétés doivent être d'une taille non négligeable puisque l'une d'elles, une des premières qui met fin à une mission, emploie trois consultants de sa société à temps plein.

Il nous donne par la même occasion un bon exemple de la façon dont la grande entreprise exploite la petite[7] (nous ne traitons pas ici des différentes formes de la sous-traitance, proprement dite. En effet, nous sommes ici avec une entreprise qui est dans une logique de service et exerce une fonction « support » de l'entreprise, le recrutement. Dans le monde industriel, c'est une division du travail par externalisation d'une partie des tâches de la chaîne de fabrication qui notamment fait l'objet d'une sous-traitance.)

En quelques semaines, notre manager capitaliste va voir son niveau d'activité divisé par deux (p.20). Du jour au lendemain, la grande entreprise met fin au contrat qui la lie avec l'entreprise de notre capitaliste. La grande entreprise réduit ses coûts d'autant plus rapidement qu'elle emploie un volant de main d'œuvre (consultants, intérimaires, contrat à durée déterminée -CDD -, stagiaires, ...) dont on peut rapidement se passer[8].

---

[7] Bien entendu, l'exploitation dont nous parlons ici, est une exploitation secondaire, dérivée. Elle met aux prises des protagonistes qui se déchirent pour se partager la plus-value extorquée au prolétariat, la classe exploitée moderne. Il n'y a aucune solidarité d'intérêt entre le prolétariat et la petite entreprise comme aiment à le faire croire gauchistes, staliniens et sociaux-démocrates. D'autre part, nous ne traitons pas de la question d'une certaine sous-traitance qui concerne une proportion importante d'entreprises et dont un seul client donneur d'ordre représente une partie très importante du chiffre d'affaires.

[8] Par exemple, le plan d'économie du groupe Peugeot-Citroën (PSA) se traduit notamment par la suppression de 1 600 missions sur le site de recherche et développement de La Garenne (92). Sous couvert d'anonymat, les langues se délient pour le journaliste du Monde (13/12/2011). Sur les 3 900 personnes présentes sur le site 1 100 soit 28% sont des salariés de sociétés d'ingénierie sous-traitantes.

En contrepartie, le coût de cette main d'œuvre est a priori plus élevé. Quand le salaire vaut 100, le coût pour l'entreprise employeuse est aux alentours de 150 (environ 50% de cotisations sociales)[9]. C'est ce coût que théoriquement la grande entreprise paierait si elle embauchait elle-même ces personnes. En revanche, la société de conseil ou d'intérim essaiera de vendre la prestation de service à l'entreprise à 200 au minimum et à 250, si elle veut avoir une cohérence de long terme, c'est-à-dire un profit de l'ordre de 7% du chiffre d'affaires. En effet, l'entreprise de conseil doit également payer son organisation, locaux, taxes, machines, fluides, fournitures, commerciaux, managers, temps morts, etc. Par conséquent, il y a, en principe, un surcoût lié à l'emploi de ce type de personnel, car c'est le prix de production et non pas seulement le coût salarial complet et les charges associées à la personne (téléphone, par exemple) qui doivent être payées[10]

Cependant, en règle générale, le salaire de base pour un poste donné sera plus bas dans la petite entreprise que dans la grande[11] De plus, pour trois consultants à temps plein occupés à recruter des candidats, l'entreprise cliente, la grande entreprise, sera en position pour obtenir, un prix plus serré[12]. Par ailleurs, la compétence professionnelle requise qui n'est pas

---

[9] Voire de 160 pour un contrat à durée déterminée – prime de précarité de 10% - de même qualification (si l'entreprise respecte la loi, à savoir égalité des salaires pour une même qualification entre un emploi avec un CDD et un emploi avec un contrat à durée indéterminée -CDI-, ce qui n'est pas si souvent le cas)

[10] Nonobstant le fait que travaillant souvent dans l'entreprise cliente celle-ci doit trouver les locaux, bureaux, téléphone, etc. Mais ces coûts représentent souvent un coût marginal faible. La bureaucratie inhérente à la grande entreprise et à l'organisation sociale de la société bourgeoise peut rendre la situation absurde. Par exemple chez PSA : « Tous les Bex (salariés des bureaux d'études externes) sont en effet réunis dans un bâtiment à l'écart des bureaux de PSA, afin de respecter la loi et de faciliter les conditions de leur départ » (Le Monde du 13/12/2011). En conséquence de quoi pour travailler avec leurs collègues de PSA ce qui est une nécessité pratique, ils disposent de bureaux officieux sans ordinateur personnalisable.

[11] Par exemple, dans l'article précédemment cité, le journaliste rapporte les propos d'un salarié "le salaire d'entrée est de 29 000 à 32 000 euros bruts annuels chez un prestataire, et de 40 000 chez PSA"

[12] « là où il y avait 70 prestataires dont une douzaine d'entreprises très importantes, PSA ne veut négocier qu'avec quatre ou cinq sociétés d'ingénierie de premier rang" Cette pratique sort les petites entreprises du marché. "Pour travailler avec ces donneurs d'ordre, les TPE doivent passer par un intermédiaire référencé par le donneur d'ordres, qui prend sa marge. Et les petits sont écrasés » Régis Granarolo, Munci, association professionnelle des informaticiens, cité par Le Monde

dans son cœur de métier, n'aura pas à être développée et entretenue. Elle est achetée sur le marché et expérimentée (en tout cas vendue comme telle par la petite entreprise). Last but not least, les salariés présents dans les locaux de l'entreprise ne sont pas les siens mais ceux du prestataire. Une partie des difficultés liées à la division de la société en classes et à leur lutte entre elles (la division de la société en classes antagoniques est devenue le principal obstacle au développement de la force productive du travail) est alors relativement aplanie. Les revendications sont réduites au minimum. Si le client est mécontent, il demande à son fournisseur un changement de personnes. Le salarié devenu prestataire est placé en situation d'infériorité car, en général, il ne bénéficie pas des "avantages" (cantine, CE, mutuelles, etc.) dont disposent les salariés de l'entreprise cliente[13]. Il ne peut guère revendiquer et se trouve pris entre deux patrons : celui qui lui donne du travail et celui qui paye son salaire. Il est entre deux « cultures d'entreprise », celle où il travaille à laquelle juridiquement il n'appartient pas et celle qui l'emploie et où il ne travaille pas. La lutte, il la mènera contre son patron mais il sera d'autant mieux placé pour améliorer sa situation personnelle qu'il aura plu au client. Ce n'est pas ce dernier qui aura à gérer les éventuelles négociations de salaire ou autres. D'autre part, isolé de ses autres collègues qui sont en mission dans d'autres entreprises, il aura donc d'autant plus tendance à rechercher des solutions individuelles. Un des rêves du salarié prestataire sera d'être remarqué et débauché pour être intégré dans la grande entreprise cliente[14]. Ces facteurs

---

"Après une bonne année à ce régime, Renault nous a demandé de baisser encore les prix de 10%. PSA veut baisser les coûts de Recherche et développement de 30 à 40% en trois ans.", cité dans « Le Monde » du 13 décembre 2011.

La pression pour recourir à une force de travail internationale permettant une baisse des prix est constamment évoquée :

« Cela fait quinze ans que les industriels français poussent à produire des prestations intellectuelles à l'étranger, même s'ils ne le disent jamais » Jean-Claude Volot, médiateur de la république. « On nous demande de nous implanter à l'étranger et d'investir dans la matière grise locale pour faire baisser les coûts » Citations dans l'article du Monde indiqué ci-dessus.

[13] Il peut être pris en compte pour déterminer les seuils de salariés définissant le nombre de délégués du personnel. Dans l'article du Monde déjà cité les salariés remarquent : «par rapport aux inscrits (salariés de PSA) nous ne sommes jamais traités de la même manière, notamment en matière de formation. On nous fait sentir quelques fois que l'on n'est pas d'ici, regrette cet ingénieur ». Il en va de même pour le restaurant. Aux salariés de PSA, la clé bleue pour déjeuner au restaurant d'entreprise. (les repas sont subventionnés par le comité d'entreprise), la clé jaune pour les sous-traitants soumis à la politique de leur entreprise.

[14] Dans l'automobile, il semble que le rêve consiste à changer de branche. « Changer de secteur, c'est le graal pour un consultant de l'automobile, où les

rendent le salarié prestataire plus souple, plus flexible, plus accommodant sur les questions relatives au temps de travail et aux conditions de travail et le mettent en situation plus difficile pour mener la lutte de classe.

Tous ces facteurs et nous en passons, font que l'écart entre le coût théorique le plus important (250-150/150 soit un surcoût de l'ordre de 66%) et le coût effectif qu'aurait déboursé l'entreprise si elle avait du recruter le salarié elle-même s'amenuise considérablement.

Les entreprises de service de ce type jouent alors moyennant un partage du profit, vis-à-vis de la grande entreprise qui les fait vivre, un rôle consistant à lui rendre le service dont elle a besoin tout en constituant un volant de main d'œuvre qui peut être rapidement augmenté ou comprimé en fonction de la conjoncture sans s'encombrer des difficultés financières, sociales, juridiques, administratives inhérentes aux licenciements.

Notre entrepreneur capitaliste n'a visiblement pas retenu la leçon de ses maîtres car il va se retrouver dès lors que la conjoncture se retourne rapidement et profondément, manifestation de la plus grande crise depuis 1929, avec un effectif sans affectations. Il n'est pas non plus aidé par le service qu'il rend (Il est vrai qu'il vend un service – le recrutement – particulièrement vulnérable à la conjoncture), mais c'est celui qu'il a choisi de développer et que ses clients étaient prêts à lui acheter. Aider au recrutement alors que le solde des mouvements (création d'emplois – destruction d'emplois) est négatif (donc une activité qui nécessairement sur-réagit aux variations de la conjoncture) est un choix d'activité qui expose donc particulièrement l'entreprise.

Cela devrait donc rendre le manager capitaliste d'autant plus prudent, rechercher des activités contra-cycliques, maîtriser la croissance, accumuler les profits au lieu de les distribuer, provisionner, définir une politique de long terme avec le salariat, envisager une logique coopérative qui pourrait prolonger son action dont il semble plutôt fier[15]. Autant de facteurs qui vont à l'encontre de son intérêt individuel et pour certains à

---

salaires sont beaucoup plus bas que dans d'autres secteurs. » Le Monde 13/12/2011

[15] Il est sensible aux compliments qui lui sont faits sur la complicité, remarquable selon les témoins, qui règne dans l'entreprise (p.31). Cette complicité sera aussi un facteur important de cohésion des salariés menacés de licenciement qui se réunissent à son insu (p.43). Il le leur reproche. L'idée qu'il puisse y avoir des intérêts inconciliables entre les classes, que celles-ci soient en lutte ne lui vient jamais à l'esprit. Il se prend pour Napoléon (p.7, p.20, p.56, p.57). Ses grognards de salariés sont juste bons à se faire tirer les oreilles.

l'encontre de la production capitaliste elle-même sans pour autant mettre fin ni à ces vicissitudes, ni aux crises générales. Nous serions au mieux dans la sphère du socialisme bourgeois, c'est-à-dire un socialisme qui laisse intacte la base de tous les maux de la société bourgeoise et veut en même temps les abolir ou du socialisme petit-bourgeois à la fois utopique et réactionnaire. Mais habitué à une société en croissance et même en croissance très rapide[16], grisé par le succès, doté d'une fibre commerciale réelle qui le pousse vers l'avant sans plus de réflexion, en recherche d'une revanche sociale (il est autodidacte), d'une légitimité (il est très jeune), d'un dépassement et d'une reconnaissance de son père qui a fondé l'entreprise[17], et d'une reconnaissance sociale qui passe par l'enrichissement personnel[18], il met en place les bases (expansion géographique, rachat de concurrent, achats de locaux, faiblesse des fonds propres, endettement auprès des banques, endettement auprès d'une société financière supposée accroître ses fonds propres, politique de salaire, revenus et avantages excessifs pour les dirigeants, fonctions improductives d'associés trop importantes, etc.) pour que puisse se manifester une surproduction qui dès lors qu'elle se révèle conduit l'entreprise et ses salariés dans l'abîme.

La grande entreprise est plus productive (et de ce point de vue plus exploiteuse non seulement du fait de sa productivité interne et de sa position dominante sur le marché mais aussi en récupérant une partie du surtravail produite dans les entreprises plus petites), plus professionnelle – elle est capable de professionnaliser chaque fonction – et plus organisée - mais aussi plus bureaucratique -, susceptible de payer des salaires supérieurs à la moyenne, tout en faisant plus de profits (la part des salaires dans la valeur ajoutée est plus faible dans les grandes entreprises), plus à même de respecter le droit du travail, de limiter, par certains côtés, le

---

[16] En janvier 2004, il a 20 collaborateurs et près de 90 en juin 2008. L'entreprise est lauréate du Trophée des Gazelles de l'économie française, ce phantasme de la politique industrielle, qui distingue les 2 000 PME (ce concept est douteux – l'auteur du livre considère, pour ne prendre que cet exemple, que son entreprise au sens large avec près de 90 personnes et un peu plus de 9 millions d'euros de chiffre d'affaires, une implantation encore marginale mais significative à l'étranger est, ou était, le leader français de son secteur. D'autre part, les PME qui sont les plus rentables font souvent partie d'un groupe et la part des dites PME qui en font partie n'a cessé de croître -) conjuguant forte croissance et création d'emplois.

[17] Il a « souvent reproché à son père son pessimisme et son sens excessif de la prudence. » (p.38)

[18] Il reste très discret sur son salaire, la distribution des dividendes et son train de vie. Voir plus bas l'évaluation de son salaire et de son patrimoine.

temps de travail[19] et de faire face, dans certaines limites, aux conséquences de la division de la société en classes antagoniques, là où la petite

[19] Selon Gérard Filoche, ex inspecteur du travail « le travail dissimulé par heures supplémentaires non reconnues, non payées, a augmenté substantiellement toutes ces dernières années. », « Malgré l'offre d'aubaine de la loi TEPA, le patronat dans sa majorité a préféré continuer à ne pas reconnaître ni payer les heures supp' qu'il impose a ses salariés. Il y a 1 milliard d'heures supp ' dans ce pays qui ne sont pas déclarées, pas majorées et même pas payées du tout, ce qui est l'équivalent de 600 000 emplois. C'est le principal gisement, 85 % du travail dissimulé, la principale fraude ; le principal vol que subisse les salariés, la principale source de délinquance patronale. », « dans ce pays, les heures supplémentaires sont massivement fraudées. L'INSEE et la DARES disent tantôt qu'il y en a 900 millions, tantôt 700 millions. Mais en 1993, du temps des 39 h il y en avait 1,2 milliards (soit l'équivalent de 680 000 emplois temps plein), aujourd'hui, il y a plus de salariés, et avec les 35 h, il y en a sûrement plus encore, probablement le double ! mais l'INSEE et la DARES établissent leurs enquêtes sans tenir compte des entreprises de moins de 20 salariés (5 millions de salariés, c'est là qu'il y en a le plus d'heures supp') et en se basant sur les « déclarations des employeurs » !! »

Sur l'histoire des 40 heures, on lira avec profit le texte de Michel Delord : http://blogs.mediapart.fr/blog/micheldelord/050111/35-heures-e-valls-ricet-barrier-et-leon-blum-et-deux-invites-surprise-

On se souviendra également de cet extrait d'une lettre d'Engels à Conrad Schmidt (27 octobre 1890)
« Il en va de même du droit : dès que la nouvelle division du travail devient nécessaire et crée les juristes professionnels, s'ouvre à son tour un domaine nouveau, indépendant qui, tout en étant dépendant d'une façon générale de la production et du commerce n'en possède pas moins lui aussi une capacité particulière de réaction contre ces domaines. Dans un Etat moderne, il faut non seulement que le droit corresponde à la situation économique générale et soit son expression, mais qu'il soit aussi une expression systématique qui ne se frappe pas elle-même au visage, du fait de ses contradictions internes. Et le prix de la réussite, c'est que la fidélité du reflet des rapports économiques s'évanouit de plus en plus. Et cela d'autant plus qu'il arrive plus rarement qu'un code soit l'expression brutale, intransigeante, authentique de la domination d'une classe : la chose elle-même ne serait-elle pas déjà contre la « notion du droit » ? La notion du droit pure, conséquente, de la bourgeoisie révolutionnaire de 1792 à 1796 est déjà faussée, comme nous le savons, en de nombreux endroits dans le code Napoléon, et dans la mesure où elle y est incarnée, elle est obligée de subir journellement toutes sortes d'atténuations par suite de la puissance croissante du prolétariat. Ce qui n'empêche pas le code Napoléon d'être le code qui sert de base à toutes les codifications nouvelles dans toutes les parties du monde. C'est ainsi que le cours du « développement du droit » ne consiste en grande partie qu'à essayer tout d'abord d'éliminer les contradictions résultant de la traduction directe de rapports économiques en principes juridiques et d'établir un système juridique

entreprise est conduite à s'engager dans des relations humaines particulières pour dissimuler l'exploitation du travail qu'elle peut d'autant moins voir contestée qu'elle est fragile.

harmonieux, pour constater ensuite que l'influence et la pression du développement économique ultérieur ne cessent de faire éclater ce système et l'impliquent dans de nouvelles contradictions (je ne parle ici avant tout que du droit civil). »

De la création d’emplois

Comme nombre d'entrepreneurs capitalistes notre homme se voit en créateur d'emplois (p.32, il se retrouve entouré de 80 personnes qui, selon lui, lui doivent leur emploi). Il est évident que s'il pouvait réaliser la totalité du chiffre d'affaires avec ses seules petites mains, il l'aurait fait. Une entreprise ne crée des emplois (a fortiori une société de services) que si une demande profitable existe ou peut être raisonnablement anticipée. En revanche, lui et ses associés doivent à ces emplois les profits de la société, leur sursalaire et bien d'autres avantages. Cela vaut bien un emploi sans doute !
D'ailleurs, et c'est bien ce qui arrive avec la crise, dès lors que ces emplois ne sont plus profitables, il licencie. Son grand problème, c'est qu'ayant créé les bases pour une surproduction, il ne peut se replier suffisamment vite pour éviter le naufrage.

Nous avons vu que l'activité de notre entreprise était le conseil en recrutement. Du point de vue du marxisme, le seul point de vue scientifique, cette activité est un des nombreux faux-frais des entreprises qui recrutent. Elle est donc, quelle que soit son utilité et son importance, improductive, c'est-à-dire que le salariat de ces activités ne produit pas de plus-value, de valeur extra, de survaleur, pour employer des synonymes. Le salariat rapporte et doit rapporter du profit à l'entreprise mais celui-ci n'est qu'une partie de la plus-value sociale qui a été créée ailleurs et notamment dans la grande entreprise cliente si elle emploie du travail productif.

On doit même aller plus loin : comme le travail improductif ne crée ni valeur ni plus-value c'est l'ensemble du chiffre d'affaires qui est en fait de la plus-value, résultat de l'exploitation du prolétariat.

Sous le regard du marxisme, l'enthousiasme entrepreneurial est évidemment beaucoup moins romantique ! Il ramène, le rabat-joie, le pisse-vinaigre, le décapant à l'acide, à la relation sociale entre les hommes et à leur division en classes sociales aux intérêts inconciliables et à la lutte qu’elles se mènent.

Mais ce ne sont pas des concepts abstraits, ce sont des classes d'hommes et que l'on soit prolétaire, capitaliste industriel, capitaliste financier, propriétaire foncier, membre de la classe moyenne salariée improductive ou de ces classes moyennes anciennes qui régressent avec l'avancée du mode de production capitaliste (paysans, commerçants, artisans, ...) nous avons partout des hommes et des femmes qui vivent, travaillent, dorment, mangent, ont des émotions, des rêves, des amours et des difficultés conjugales, des inquiétudes et des angoisses, veulent se montrer de bons éducateurs, se donner une bonne conscience morale et donner un sens à leur vie.

Il n'en demeure pas moins que les représentants du capital avancent celui-ci, disposent des moyens de production et achètent sur le marché la force de travail afin d'accroître ce capital, de lui faire rendre un profit, dont la source ne peut être trouvée que dans l'exploitation du travail productif, producteur de plus-value, de valeur extra, donc dans l'exploitation du prolétariat, comme le démontre le marxisme.

Bien que le travail de nos consultants soit improductif, c'est-à-dire qu'il ne produit, à l'échelle sociale, ni valeur ni plus-value, il doit rendre un profit pour le capitaliste qui l'emploie. Que le capital soit avancé dans des secteurs productifs ou improductifs, il recherche un profit qui, pour les grandes masses de capitaux, doit correspondre au taux de profit moyen[20]

Dans son activité de conseil, notre capitaliste avance l'argent pour les moyens de production et pour les salaires. Tout le but de son activité consiste à rechercher un profit maximum. Si le travail improductif, dès lors qu'il est échangé contre du capital, ne produit pas de plus-value, il rend cependant du profit. Les lois qui gouvernent le salaire sont les mêmes que celles qui régissent le travail productif. Avec le développement de la productivité du travail, la valeur de la force de travail baisse (l'évolution historique des éléments déterminants le salaire, une qualification accrue – elle-même dévalorisée par ailleurs –, un allongement de la durée de la vie, …, peuvent venir contrebalancer ce processus). Dans la mesure où la longueur de la journée de travail est supérieure au temps de travail nécessaire pour reproduire cette force de travail, il existe une forme de travail non payé qui n'est pas de la plus-value mais qui a pour effet d'abaisser les coûts de production du service. De même; dès lors que l'activité est dictée par le client et reste liée à la personne, elle ne peut faire l'objet d'une incarnation permettant de la stocker. Les fluctuations de l'activité y sont donc particulièrement sensibles et les salariés sont souvent contraints d'endosser les effets de ces fluctuations de la charge de travail. Ils sont par ailleurs mis en concurrence avec les machines dès lors que l'activité intellectuelle peut être automatisée (l'informatique a porté ce processus à son comble). Sur le plan formel, les salariés qu'ils soient

---

[20] Nous renvoyons à nos travaux sur ces sujets.
Cf. http://www.robingoodfellow .info

productifs ou improductifs se retrouvent donc placés dans des situations similaires et viennent accroître l'armée de réserve permanente lors des crises.

D'ailleurs, une fois les premiers tourments humanistes passés, notre homme en revient au fond des choses. Il s'empresse d'aller porter le scalp des salariés licenciés à son nouvel actionnaire (voir plus bas, l'apporteur en capitaux propres) afin de le rassurer (p.46). Outre qu'il ne veut pas affoler son actionnaire, sa crainte n'est plus alors liée à l'empathie qu'il peut avoir avec ses salariés licenciés mais aux effets délétères que pourrait provoquer ce plan de licenciement sur ceux qui restent, sur leur mobilisation, sur leur sentiment d'appartenance à l'entreprise et donc en définitive sur leur capacité à rendre du profit.

Toutes les théories bourgeoises du management ont un point commun. Elles insistent sur la nécessité de former une communauté de travailleurs associés. Cela revient à montrer que la séparation de la société en classes est le principal obstacle au développement de la force productive du travail. Dans le cadre de la société bourgeoise, c'est évidemment un vœu pieux et une utopie qui se résout en discours humaniste, communication, création d'un esprit maison, flatteries, et autres mesures de management plus ou moins mensongères avant de se terminer pour les récalcitrants à la collaboration entre les classes en menaces et répression. Sans mettre fin aux vicissitudes de la production capitaliste, ni à ces manifestations délétères sur les hommes, le mouvement coopératif peut être l'occasion de réaliser à une échelle très limitée, l'expérience du travail associé et constituer un point d'appui pour le mouvement prolétarien pour l'abolition du salariat.

« Le contrat décisif » (p.63)

L'activité de notre consultant est non seulement improductive mais elle se nourrit et prospère de l'absurdité de ce mode de production. Cela donne à son service une dimension sinon parasitaire ou putréfiée à tout le moins absurde, ubuesque. Il ne semble pas en avoir conscience, tellement les conditions sociales actuelles non seulement lui paraissent naturelles mais surtout sont un élément indispensable de son fonds de commerce. Il rejoint ces professions qu'autrefois la haute bourgeoisie catholique regardait de travers, comme les médecins et les avocats : ceux qui vivent du malheur des autres.

Jamais le chômage de masse n'a été aussi élevé sur une aussi longue période, sans pour autant conduire au renversement du capital, ce qui montre également à quel point le mode de production capitaliste est développé et capable d'adaptation. Jamais, la précarité n'a été aussi importante. A peine est-on embauché qu'il faut penser à trouver le prochain emploi, tandis que ceux qui disposent d'un emploi considéré - c'est pour une très grande part une illusion - comme stable, le saint-Graal du CDI, ont tendance à s'y accrocher, démentant au passage les discours sur la mobilité. Sur les trente-cinq dernières années tous les emplois créés (création nette) - ils ont été bien plus nombreux que dans les soi-disant trente glorieuses - sont des emplois précaires (CDD, intérim, ...), tous à temps partiel, tous aidés et donc représentant autant de manque à gagner pour l'Etat et les organes sociaux quand ils ne les grèvent pas directement du fait qu'il s'agit d'emplois publics.

La présence d'une armée de réserve est une nécessité pour le mode de production capitaliste. Elle permet de déprimer les salaires et de trouver, renouveler, mobiliser rapidement une force de travail disponible et plus malléable. Elle pourra ensuite être rejetée dans l'armée de réserve dès lors que les à-coups de la production capitaliste seront absorbés. Signe, on l'a vu, de sa capacité d'intégration et de son haut développement, l'étiage atteint est aussi un signe de son absurdité, de sa stérilité dans la mesure où une grande partie de la force de travail n'est pas employée, et représente une charge croissante pour la société, charge que bien sûr la bourgeoisie s'efforce de limiter, car elle est une composante du salaire social.

Pour tenter, sinon de régler la question sociale, du moins de faire en sorte que le pouvoir de la bourgeoisie soit maintenu, l'Etat, et ce quels que soient les gouvernements, a répondu par l'endettement (le phénomène, présent à chaque grande crise , s'est nettement accéléré avec l'arrivée de la gauche au pouvoir et la crise de 1981-1983, il a ensuite été perpétué par les autres gouvernements jusqu'à ce que la charge de la dette s'approche du déficit annuel autorisé par les traités européens réduisant pratiquement à zéro la marge de manœuvre des gouvernements). C'était compter sans la grande crise ouverte en 2008 dont les effets sont loin d'être épuisés et qui fera à nouveau (après la rupture du pacte de stabilité en 2003, comme conséquence de la crise ouverte au début des années 2000) jeter par-dessus bord les règles édictées[21]. Elle a provoqué une autre vague importante d'endettement du fait des tentatives pour la juguler, le tout sur fonds de déclin relatif de l'Europe - et de la France en particulier - sur le marché mondial.

En bon professionnel expérimenté, notre jeune loup nous fournit des chiffres édifiants. Alors qu'il se prépare à répondre à un appel d'offres important, le plus important de sa carrière, a fortiori dans un contexte où l'entreprise fait face à un recul de l'activité, il se livre au calcul de son enveloppe financière.

Il est de bon ton de moquer, dans le monde universitaire, la théorie de la valeur travail laquelle soutient que la seule source de la valeur est le travail. Jadis défendue par les plus grands économistes, comme Ricardo par exemple, elle a été rejetée au profit de théories absurdes et contradictoires reposant sur la valeur utilité.

De crises en crises, de réfutations en réfutations voire en auto réfutations, l'économie politique moderne se retrouve totalement démunie théoriquement et se voit obligée de subir jusqu'aux sarcasmes de la reine d'Angleterre[22]

---

[21] En ce qui concerne l'une des dimensions de ce déficit, à savoir le développement de niches fiscales, sujet qui sera illustré par un cas dans ce texte, l'IFRAP constate que « (..) à partir de 2004, année au cours de laquelle les ministères doivent pour la première fois obéir à la norme de croissance « zéro en volume », les niches fiscales s'envolent… avec une croissance continue, tandis que le taux de dépenses publiques dans le PIB recule même légèrement entre 2005 et 2008 (entre 53,4 et 52,7% du PIB). Les ministères ont donc « débudgétisé » une partie de leurs politiques publiques par l'intermédiaire des dépenses fiscales, afin de « tenir la norme », tout en laissant filer le déficit (moindre rentrées fiscales). » Rapport de l'ISF sur les niches fiscales et sociales. Agnès Verdier-Molinié, Samuel-Frédéric Servière, Bernard Zimmern.

[22] « Pourquoi ne nous l'avez-vous pas dit ? » demanda-t-elle aux économistes en faisant allusion à leur incapacité en matière de prévision de la crise.

Il est donc réjouissant de voir que la première chose que fait notre entrepreneur (du point de vue du marxisme, il est assimilable à un capitaliste industriel. Peu importe que son champ d'activité soit l'industrie, le service ou l'agriculture) est de calculer le temps de travail qui va être consommé pour effectuer la prestation.

Ici, il s'agit d'aider à recruter 260 personnes. Il estime alors (p.64) qu'il lui faudra dépouiller 30 000 candidatures. Parmi celles-ci il contactera 6 000 à 8 000 candidats qui donneront lieu à 2 400 entretiens aboutissant à une liste restreinte de 3 candidats par poste présentés au décideur final (soit au total 780 personnes). Cette mission devrait employer 12 consultants du cabinet. Ce n'est pas précisé, mais on suppose qu'il s'agit de 12 hommes x années car la durée de la prestation n'est pas indiquée.

Si nous retenons le résultat canonique de cet exercice, nous constatons que, en règle générale, pour une offre d'emploi, on reçoit environ 120 candidatures qui occasionneront 30 prises de contact, 10 entretiens et 3 candidats pour la phase finale. Ce résultat est en même temps une illustration du niveau d'absurdité, atteint par la société bourgeoise[23]. Le fait qu'il existe une surpopulation par rapport à l'emploi engendre en outre toute une série de pratiques qui vont du charlatanisme (la numérologie, l'astrologie, les tests psychologiques…) à des pratiques parfaitement humiliantes visant déjà à tester si le futur salarié aura l'échine assez souple et à préparer la mise en concurrence avec autrui au sein même du futur emploi. De la télé-réalité avec ses procédures éliminatrices au « speed dating » organisé entre diplômés et recruteurs, on ne sait pas bien lequel des deux a singé l'autre.

Au lieu d'organiser de savantes sélections qui ont pour résultat de forcer au travail une partie de la population tandis que l'autre se morfond dans l'angoisse du lendemain, le prolétariat rendra obligatoire le travail à toutes les personnes en âge et capables de travailler, et donc élargira considérablement la base productive de la société, généralisera le travail manuel et le travail productif à tous, brisera les carcans propres à la

---

[23] « Ce n'est pas qu'on fabrique trop de moyens de production pour occuper la partie de la population valide. Bien au contraire, 1° une trop grande partie de la population produite est effectivement incapable de travailler, et dépend, par sa situation, de l'exploitation du travail d'autrui, ou des travaux qui ne peuvent passer pour tels que dans un système de production misérable ; 2° il n'est pas créé suffisamment de moyens de production pour que toute la population valide travaille dans les conditions les plus productives, de façon que son temps de travail absolu puisse être diminué par la masse et l'efficacité du capital employé durant le temps de travail. » (Marx, Capital, L.III, Pléiade, T.2, p.1040)

division du travail, abaissera le temps de travail nécessaire afin de laisser plus de temps au travail libre et à l'usage libre du temps gagné, socialisera le travail domestique, bouleversera l'éducation en ne la coupant pas de l'activité productive...

Mais revenons-en à notre capitaliste avant que n'arrive le grain à grande vitesse.

L'apporteur en capital propre

Le besoin de capital propre

Avant que la crise ne balaie l'entreprise, la voie de l'augmentation des capitaux propres via l'augmentation de son capital en l'ouvrant à des investisseurs apparaît, au sein de Solic, comme une solution pour permettre la réalisation des ambitions de son patron.[24]

En tant que manager capitaliste, cette solution serait tout à fait envisageable. Mais, du point de vue du capitaliste financier, du propriétaire de l'entreprise, qui cohabite ici avec le manager dans le même individu, le risque serait, en ouvrant le capital à d'autres investisseurs, de perdre le contrôle de la société.

D'un point de vue théorique, il importe peu au manager capitaliste que l'argent vienne des actionnaires ou des banques. Dans les deux cas son objectif est la recherche du profit et théoriquement, il doit donner à chacun l'équivalent du taux d'intérêt que ce soit sous forme de dividende ou d'intérêt proprement dit. Le manager capitaliste conserve le profit d'entreprise, c'est-à-dire la différence entre le taux de profit et le taux d'intérêt. Le fait que le manager ne soit pas en même temps propriétaire du capital est une tendance favorable au développement de la production capitaliste.[25] Avec elle, la fonction de gestion, le management, et la propriété se séparent, démontrant toujours plus l'inutilité de la classe des capitalistes.[26] Le manager capitaliste de cette espèce ne suppute pas en tremblant sur son capital personnel et peut donc avoir l'ambition nécessaire pour mener de plus grands projets.

---

[24] Il a déjà sollicité fortement les banques, qui ont prêté l'équivalent de deux euros pour 1 euro de fonds propres.

[25] Parmi les conséquences du développement des sociétés par actions, Marx souligne la « transformation du capitaliste exerçant ses fonctions en un simple *manager* (de capital d'autrui) et des propriétaires de capital en simples propriétaires, en simples financiers. » (Marx, Capital, L.III, Pléiade, T.2, p.1137)

[26] « La production capitaliste en est arrivée à un point où le travail de direction, complètement séparé de la propriété du capital, court les rues, si bien que, désormais, le capitaliste n'a plus besoin de remplir lui-même cette fonction.(...). Les coopératives de production apportent la preuve que le capitaliste est devenu tout aussi superflu comme agent de la production que l'est le grand propriétaire foncier aux yeux du capitaliste évolué » (Marx, Capital, L.III, Pléiade, T.2, p.1147)

Ce phénomène est encore plus répandu si le crédit intervient. Le capital qui est mis à disposition du manager qu'il soit ou non propriétaire est du capital social qui ne lui appartient pas et qu'il peut risquer d'autant plus. Le crédit permet de dépasser les limites de l'accumulation individuelle et de mobiliser le capital social en le faisant passer vers les branches où il est susceptible d'y trouver un profit. Il constitue une autre forme de la négation de la propriété capitaliste, en permettant l'accaparement du travail social sur la base d'une propriété sociale qui échoit entre les mains de capitalistes qui par ce moyen renforcent leur pouvoir et leur domination[27].

En même temps l'accès au crédit est aussi, généralement, en relation avec le montant du capital propre (fonds propres). Comme par ailleurs, les banques ne sont pas aussi prêteuses qu'on le croit, l'accès au crédit pour la petite entreprise est généralement plus complexe et ce d'autant plus que son activité est le service. Son autofinancement, le besoin de trésorerie pour faire face aux aléas des affaires la conduisent à disposer de capitaux propres (dont une partie excède les besoins réels de la mise en valeur et qui sert de protection contre les fluctuations des rentrées d'argent) dont une autre vertu est qu'ils s'assimilent à un prêt sans durée définie et dont le rendement peut se négocier mais qui peut aussi être supérieur au taux d'intérêt.

---

[27] « Si le système de crédit apparaît comme le levier principal de la surproduction et de la surspéculation commerciale, c'est uniquement parce que le processus de reproduction, élastique par nature, est ici poussé jusqu'à son extrême limite, étant donné qu'une grande partie du capital social est mise en œuvre par des non propriétaires ; ceux-ci sont autrement entreprenants que le propriétaire actif qui suppute en tremblant les limites de son capital privé. Une seule chose s'en dégage : la mise en valeur du capital sur la base de la nature contradictoire du capitalisme ne permet que dans certaines limites un développement réellement libre de la production capitaliste ; elle constitue donc, en fait, une entrave immanente et une barrière, constamment battue en brèche par le système de crédit. Celui-ci accélère, par conséquent, le développement matériel des forces productives et la création du marché mondial. Le système capitaliste a pour tâche historique de porter à un certain niveau ces bases matérielles du nouveau type de production. En même temps, le crédit accélère les manifestations violentes de cet antagonisme, c'est-à-dire les crises, et, par conséquent, les éléments de dissolution de l'ancien mode de production.

Par sa nature ambivalente, le système de crédit tend, d'une part, à développer l'élément moteur de la production capitaliste – l'enrichissement par l'exploitation du travail d'autrui – pour l'ériger en un pur et colossal système de jeux et de tripotages, et à restreindre davantage le petit nombre de ceux qui exploitent la richesse sociale ; d'autre part, à constituer la forme de transition vers un nouveau mode de production » (Marx, Capital, L.III, Pléiade, T.2, p.1179-1180)

L'entreprise obtient d'un fonds d'investissement, Audacia, de quoi[28] augmenter ses capitaux propres sans diluer le capital. Selon nombre d'analystes, une faiblesse structurelle du capitalisme français et des PME (pour reprendre ce concept douteux cf. note 16) en particulier serait le manque de fonds propres. Marronnier de la gestion d'entreprise, le sujet rebondit à chaque grande crise quand la courbe des défaillances d'entreprise grimpe.

Pourtant, comme le rappelle l'inspection des finances, les calculs effectués par la banque de France situent les PME/PMI françaises en troisième position pour ce qui est du rapport fonds propres/total du bilan, après la Belgique et la Pologne. « Les entreprises françaises se distinguent plutôt de leurs voisins européens par la faiblesse de leur endettement bancaire, des liquidités plus importantes (¼ des entreprises ont un niveau de liquidité supérieur à 25% du poids de leur bilan) et la faiblesse du poids des actifs immobilisés » Rapport du comité d'évaluation des dépenses fiscales et des niches sociales, rapport, p.7, annexe F.

D'autres analyses mettent en évidence, bien que les biais statistiques, techniques, culturels, historiques des comparaisons internationales soient nombreux (remarque tout aussi valable pour l'étude citée ci-dessus) une faiblesse relative des fonds propres non pour les PME mais pour les grandes entreprises.

D'autres analyses encore, plus précises, mettent en exergue, l'insuffisance des capitaux propres lors de certaines phases du processus de la création d'entreprise et tout particulièrement dans la première dite, dans le jargon des gestionnaires, d' « amorçage ».

Les pouvoirs publics soutiennent par divers moyens les fonds propres des PME. Nous en examinerons de manière plus détaillée un type particulier, celui qui est utilisé pour apporter des capitaux propres à notre petite entreprise. Compte tenu de ce que nous avons vu plus haut, si l'on en reste à un niveau général, ce qui est le cas du champ d'application des avantages fiscaux, on peut dès maintenant conclure, que la politique menée par le gouvernement passe très grandement à côté de ses objectifs théoriques quand elle n'est pas contre-productive. Nous verrons de plus que, au moins dans le cas particulier examiné, les fonds propres des PME ne sont qu'un prétexte pour la politique fiscale. Bien entendu, que la politique du gouvernement soit efficace ou non, elle reste une politique

---

[28] 1,5 millions d'euros

bourgeoise et elle ne peut éviter les crises. Cependant, une incompréhension des mécanismes fondamentaux du fonctionnement des sociétés, la mise en pratique des représentations idéologiques de la bourgeoisie peuvent les aggraver.

Des justifications théoriques

Le point de vue de Hilferding

Selon Hilferding, la faiblesse relative des capitaux propres est à mettre en relation avec le système de crédit.

« Un certain développement du crédit étant donné, l'utilisation, du crédit pour l'entreprise capitaliste devient une nécessité qui lui est imposée par la concurrence. Car, pour le capitaliste individuel, l'utilisation du crédit signifie un accroissement de son taux de profit. Si le taux de profit moyen, représente 30 %, le taux d'intérêt 5 %, un capital de 1 million de marks donnera un profit de 300 000 marks. (Sur ce profit, dans les calculs du capitaliste, 250 000 marks seront inscrits comme bénéfice de l'entrepreneur, 50 000 marks comme intérêt pour son capital). S'il réussit à obtenir un deuxième million, il aura un profit de 600 000 marks, moins 50 000 marks qu'il devra payer comme intérêt pour le deuxième million, soit un gain de 550 000 marks. Son bénéfice d'entrepreneur s'élève maintenant à 500 000 marks, bénéfice qui, calculé après comme avant sur son propre capital de 1 million de marks, représente par conséquent un taux de profit de 50 %, contre l'ancien de 25 % Si son capital agrandi, de même que l'extension de la production, lui permettent de produire à meilleur marché, son gain augmentera encore. Si les autres capitalistes ne peuvent pas utiliser le crédit dans les mêmes proportions ou ne le peuvent qu'à des conditions plus dures, il pourra réaliser un surprofit.

Si la situation du marché est défavorable, l'avantage que procure l'utilisation du crédit se manifeste d'une autre manière. Le capitaliste qui utilise du capital étranger peut ramener ses prix, pour les dimensions ou il utilise du capital emprunté, au-dessous du coût de production (prix de revient plus profit moyen) Jusqu'à r + i (prix de revient, plus intérêt), de telle sorte qu'il lui est possible de vendre la totalité de ses marchandises au-dessous de leur coût de production sans diminuer son profit sur son propre capital. Il sacrifie seulement le bénéfice de l'entrepreneur sur le capital qui ne lui appartient pas, non le profit sur son capital propre. L'utilisation du crédit lui procure ainsi, dans les périodes de basse conjoncture, un avantage dans la lutte des prix, avantages qui croît en proportion du crédit utilisé. Ainsi le capital leur appartenant en propre, qu'utilisent les capitalistes productifs, n'est pour eux que la base d'une entreprise qui, à l'aide, du capital emprunté, s'étend au-delà des limites de ce capital propre. L'accroissement du bénéfice de l'entrepreneur par l'utilisation du crédit est le même pour le capitaliste individuel que pour son propre capital. Il n'affecte en rien le niveau du taux de profit moyen social. Mais il augmente naturellement la masse du profit et, par là, le rythme de l'accumulation, En lui permettant d'accroître la production, la force productive du travail, il procure aux capitalistes qui peuvent utiliser le crédit les premiers ou sur une échelle plus vaste que d'autres un surprofit pour, dans une phase ultérieure du développement, grâce aux progrès réalisés vers une meilleure composition du capital, liés généralement à l'extension de la production, réduire le taux de profit. L'accroissement du bénéfice de l'entrepreneur pousse le capitaliste individuel à faire de plus en plus appel au crédit. » (...)

« (…) avec l'extension du système du crédit, le volume du capital de chaque entreprise est réduit au minimum, et la moindre nécessité se présentant brusquement d'un accroissement de moyens liquides exige une opération de crédit, dont l'échec pourrait signifier la banqueroute pour l'entreprise. »

« Au fur et à mesure du développement du système bancaire, où tout l'argent inactif afflue dans les banques, le crédit bancaire se substitue au crédit commercial, de telle sorte que de plus en plus toutes les traites ne servent pas dans leur forme initiale de moyen de paiement en circulant entre les capitalistes productifs, mais dans leur forme nouvelle de billets ». Hilferding, le capital financier, chapitre v, les banques et le crédit industriel. 1910

Un point de vue similaire est développé, près d'un siècle plus tard, par Paul Fabra qui s'en prend à ce capitalisme sans capital.

L'épreuve des faits

Si ces affirmations étaient exactes, on devrait constater une tendance générale à l'accroissement de l'endettement. Or, les relations entre capital propre et capital emprunté varient selon les époques sans qu'on puisse en dégager une tendance affirmée. Ce n'est notamment pas le cas dans la période actuelle où les entreprises ont tendance à se désendetter. Donc, sans nier la tendance décrite par Hilferding et Fabra (c'est souvent le cas dans les LBO par exemple cf. note p.64), sans nier que des théories stupides (cf. annexe 1), qu'Hilferding reprend pour une bonne part à son compte, favorisent cette tendance, il existe aussi des tendances contraires, qui poussent à l'accumulation et qui viennent consolider les fonds propres. Récemment elles se sont montrées prépondérantes à moins qu'elles ne correspondent à une baisse du taux d'accumulation.

Selon les analyses des manuels de gestion[29], on peut distinguer plusieurs périodes.

- Dans les années 1950-1960, l'endettement est limité.
- Dans les années 1970, l'endettement s'accroît.
- Dans les années 1980, on assiste à un rééquilibrage qui se poursuit en désendettement au début des années 1990.
- La fin des années 1990 voit le niveau d'endettement augmenter
- Après la crise de 2000-2002, les entreprises se désendettent.
- Selon l'analyse de la Banque de France (étude parue en 2010), les PMI (PME industrielles), ont accru le poids de leurs capitaux propres entre 1999 et 2008.

C'est donc l'analyse de Marx qui reste valable[30] :

---

[29] Finance d'entreprise, Pascal Quiry, Yann le Fur qui poursuivent le travail de feu Pierre Vernimmen, Dalloz

[30] Grâce à la dernière trouvaille théorique des économistes financiers, un grand mystère serait enfin levé !

« La littérature théorique sur la structure du capital a longtemps fait face à une énigme : les entreprises semblent sous-endettées par rapport aux prédictions des modèles théoriques. Depuis quelques années, des études ont fourni une explication de ce phénomène (déjà suggérée dans l'article de Modigliani et Miller de 1963). Les entreprises choisiraient de maintenir un faible niveau d'endettement afin de se laisser la possibilité de s'endetter en cas d'opportunité ou d'imprévu. Autrement dit, la structure financière serait expliquée par la difficulté d'obtenir rapidement un financement pour une entreprise déjà très endettée. Un faible endettement offre plus de flexibilité financière, et permet donc plus de réactivité (…)

Cet article (M.T. Marchica, R. Mura, Financial Management, hiver 2010, vol. 39, n° 4, pages 1339 à 1365.) apporte donc un soutien empirique à la prédiction théorique suivante : les entreprises prennent en compte la flexibilité financière dans le choix de leur structure financière. En maintenant des niveaux de dette pas trop élevés, elles se laissent la possibilité de saisir des opportunités d'investissements créateurs de valeur pour l'actionnaire. » Lettre Vernimmen.net; Novembre 2011. Nous ne commenterons pas plus ici cette vision qui après avoir reconnu la faillite des théories financières, continue d'ignorer que le but de la production capitaliste n'est pas de créer de la « valeur » pour l'actionnaire, c'est-à-dire ici (et, sous cet aspect, bien plus clairement que les discours altermondialistes) gonfler la valeur de marché du capital fictif, mais de produire un maximum de plus-value en exploitant la classe productive.

« Dès que le partage du profit brut en intérêt et profit d'entreprise est devenu qualitatif, il est aisé de comprendre pourquoi cette particularité d'un partage qualitatif s'étend à la totalité du capital et à toute la classe des capitalistes.

Premièrement, la réponse résulte déjà du fait simplement empirique que la plupart des capitalistes industriels travaillent (bien que dans des rapports numériques divers) avec leur propre capital et avec du capital emprunté, le rapport entre capital propre et capital emprunté variant suivant les périodes » (Marx, L.III, Éditions sociales, T.VI, p.41)

Variations sur un exemple

Supposons que les capitalistes financiers apportent 100 euros de capital qui constituent le capital social et donc ici les fonds propres de l'entreprise et qu'ils arrivent à convaincre le banquier de leur prêter la même somme. Un capital de 200 euros est donc entre les mains du manager capitaliste. Admettons que le taux de profit soit de 20% et le taux d'intérêt de 5%. A la fin du processus, le manager a réalisé 40 euros de profit. Il a versé 5 euros d'intérêt. Il ne lui reste plus que 35 euros. Sur la base de théories stupides, les capitalistes financiers penseront que leur capital a une profitabilité de 35% par rapport au capital qu'ils ont avancé, par rapport aux fonds propres. En bonne logique, le manager devrait verser, 5 euros de dividendes aux capitalistes financiers propriétaires de l'entreprise. Les 30 euros restant sont le profit d'entreprise.

Considérons maintenant trois cas.

1° Si ces trente euros sont accumulés et que le banquier prête 30 euros supplémentaires, le taux d'accumulation dépasse, pour ce capitaliste, 100% du profit et contribue à la tension maximum ainsi qu'à la redistribution des forces productives tout en ouvrant la porte au surcrédit, une des acceptions du concept de capital fictif[31] qui est concomitante au

[31] Concept emblématique de l'ultra-gauche intellectuelle chic, le concept de capital fictif avec son halo mystérieux et son cortège de fantômes dont elle le pare, est l'occasion d'analyses bouffonnes dont l'ultra-gauche a le secret.
Marx n'a pas créé le concept de capital fictif. Il le reprend de l'économie politique qui l'utilise dans diverses acceptions (cf. la recension de Michael Perelman in Marx's crises theory). Dans l'état actuel de nos analyses, nous avons constaté que Marx lui donne au moins trois acceptions différentes que nous nous sommes habitués à classer ainsi ;
Capital fictif au sens I, ou au sens i, avec une emphase sur le i. Ici, fictif a le sens d'illusoire, imaginaire. Le capital fictif au sens I regroupe les titres comme les

développement du crédit. Dans ce cas, le taux d'endettement reste constant tandis que les forces productives se développent rapidement, au risque d'une crise de surproduction à brève échéance.

2° Si, dans un cas extrême, les 30 euros sont employés à rembourser le banquier, il ne reste plus que 70 euros d'emprunt pour des capitaux propres de 130. Le capital avancé n'a pas varié d'un iota, l'accumulation du capital est nulle, mais les fonds propres sont plus importants. Toutes choses égales, par ailleurs, au cours du cycle suivant, le capitaliste financier en application du même mode calcul, considérera que la rentabilité de ses fonds propres est tombée à 28% et poussera le manager à endetter l'entreprise (cf. annexe 1).

3° Un désendettement relatif pourrait aussi se produire dès lors que la part des capitaux propres dans l'accumulation est supérieure au rapport capitaux propres/dettes antérieur. Si le manager accumule 30 et emprunte 10, les fonds propres s'élèvent à 130 et le capital emprunté à 110. Le rapport entre les deux passe de 100% dans le premier cas (accumulation de 30 de profit et emprunt complémentaire de 30) à 84% dans le dernier cas considéré; il y a un désendettement relatif. Dans le deuxième cas, avec le remboursement du capital, le désendettement est absolu et donc forcément relatif (70/130 soit 54% environ). Bien entendu, toutes choses égales par ailleurs, dès lors qu'une échéance de prêt concerne non seulement le paiement de l'intérêt mais aussi le remboursement du principal, le désendettement intervient.

---

actions, obligations, bons du trésor, traites, hypothèques... Leur valeur de marché est égale à leur revenu anticipé capitalisé en fonction du taux d'intérêt du marché.
Capital fictif au sens II, ou au sens f, avec une emphase sur le f. Ici, fictif a le sens de frauduleux. Le capital réel emprunté par des chevaliers du crédit ne fonctionne pas comme capital, il est dépensé comme revenu. Un exemple de ce type de pratiques frauduleuses peut être trouvé dans l'émission de traites de cavalerie. L'affaire Madoff illustre aussi cette catégorie de capital fictif. Les escroqueries à la TVA pourraient également relever de ce capital fictif au sens II.
Capital fictif au sens III, ou au sens ct comme crédit, avec une emphase sur le ct. Ici, il s'agit de surcrédit. Trop de crédit est distribué. La distribution de crédit au-delà des besoins de l'accumulation est d'ailleurs susceptible de favoriser le capital fictif au sens II et au sens I (il existe alors une demande ex nihilo qui vient gonfler la demande de titres et augmenter artificiellement leur valeur de marché et alimenter spéculation et surspéculation tandis que l'accumulation de capital réel en favorise également l'accroissement sur des fondements à la fois réels et parasitaires)

Les théories sur la domination du capital financier, fer de lance du réformisme

L'existence du crédit selon Hilferding tend donc à rendre minimal le capital avancé et à accroître la part de l'endettement. Mais, nous l'avons vu, l'accumulation des profits consolide les capitaux propres. L'usage ultérieur des dividendes ou des intérêts distribués aux capitalistes financiers que ce soit de la consommation ou de l'épargne ne nous intéresse pas ici (l'épargne peut être l'occasion d'une transformation du revenu en capital – c'est notamment ce qui va se passer dans les cas que nous allons examiner via l'aubaine fiscale)

Le point de vue de Hilferding, fait partie de ces textes fondateurs d'un nouveau révisionnisme qui met l'accent sur la domination du capital financier, concept lui-même suffisamment flou pour épouser diverses acceptions, alors que pour Marx, le mode de production le plus moderne, celui où le procès de travail se traduit par une subordination réelle du travail au capital, repose sur la domination du capital industriel, c'est-à-dire du capital producteur de plus-value quel que soit le secteur (agriculture, industrie, service) où cette exploitation s'exerce. Et, sur le plan politique, la forme la plus évoluée de la domination de la bourgeoisie, la république démocratique se caractérise par le fait que l'ensemble de la bourgeoisie, et notamment les capitalistes industriels, gouverne directement et plus seulement une ou plusieurs de ses fractions (comme par exemple l'aristocratie financière du temps de Louis-Philippe)

Loin de constituer une amélioration de l'analyse scientifique de Marx, ces théories en préparent l'abandon, en estompant et extériorisant le rapport d'exploitation, réduit à l'intérêt, aux profits financiers et aux transferts de plus-value entre petits et grands capitaux, alors qu'il trouve sa racine dans la production de plus-value (survaleur) produite par le capital industriel en exploitant le prolétariat. Cette plus-value se décomposant entre intérêt, profit d'entreprise, rente, impôts, salaire de direction, salaires et capitaux improductifs, plus-values financières, autant de formes qui s'opposent entre elles et qui contribuent à masquer le rapport fondamental.

Ces analyses sont d'autant plus facilement admises qu'elles peuvent être reprises par toutes les classes, dans la mesure où elles ont affaire au capital financier. Cela est vrai aussi bien des capitalistes que des anciennes classes moyennes (paysans, artisans, petits commerçants) qui empruntent dans le cadre de leurs entreprises, mais cela concerne, en fait, toutes les classes de la population avec la généralisation du crédit à la consommation et notamment de l'emprunt pour acheter le logement[32]. Le capitaliste industriel y apparaît comme le représentant des producteurs.

La lutte contre le capital financier est alors un bon mot d'ordre pour noyer le prolétariat dans une alliance interclassiste et lui faire poursuivre des buts qui laissent intact les rapports de production capitaliste. A l'antisémitisme près[33], souvent associé au capital financier, cette démarche parcourt toute l'histoire politique.

D'autre part, le capital portant intérêt est plus ancien que la production capitaliste. Même si l'intérêt est désormais soumis à ce mode de production, le capital financier conserve dans la représentation populaire, du fait de cette antériorité, l'image du capital en soi, du capital par excellence (cf. Marx, Livre III, p.42). Avec le capital porteur d'intérêt, le fétichisme du capital est porté à son comble. Marx montre les racines particulières du fétichisme du capital portant intérêt. La division du profit entre intérêt et profit d'entreprise se traduit dans l'esprit du capitaliste en une division entre l'intérêt (ce qui revient au capital emprunté et au capitaliste financier qui le personnifie), et la part qui lui reste, le profit diminué de l'intérêt, qui se présente comme le produit du capital actif. L'intérêt apparaît alors comme un fruit du capital en soi, indépendamment du processus de reproduction, indépendant de l'activité, tandis que le profit d'entreprise est le résultat de l'action du capitaliste actif. Alors que le taux d'intérêt est une donnée établie de façon autonome, le profit d'entreprise apparaît plus contingent en relation avec l'action du capitaliste. Le capitaliste a tôt fait de l'identifier à son action et à son travail. Il devient un profit d'entrepreneur et dans l'esprit du capitaliste une forme de salaire de direction. Ce phénomène est renforcé par le fait que dans le salaire de direction au sens strict, une partie du profit est déjà largement présente. Le profit d'entreprise n'existe que par la mise en valeur du capital, tandis que l'intérêt semble attaché au capital qu'il soit utilisé productivement ou non.

---

[32] La bourgeoisie n'ayant comme solution fondamentale à la question du logement que le développement de sa propriété privée individuelle.

[33] « Edmond Vermeil a montré comment le national-socialisme et l'antisémitisme hitlériens plongeaient leurs racines dans les efforts des classes dirigeantes pour arracher la masse des prolétaires à l'idéologie révolutionnaire internationaliste. Dès le début du XX° siècle, l'antisémitisme, le « socialisme des imbéciles », comme disait Bebel, avait été pour elles le moyen de détourner les colères d'une petite bourgeoisie écrasée par le développement du grand capitalisme et menacée de prolétarisation. » (Pierre Broué, Histoire de la révolution allemande)

Comme avec le capital portant intérêt, l'argent semble faire de l'argent sans aucun détour et sans même avoir un rapport avec la production, le capital acquiert la propriété de créer par lui-même de la valeur. C'est évidemment une aubaine pour les économistes qui souhaitent masquer l'origine de la plus-value et de ses formes. Main dans la main, économistes bourgeois et économistes réformistes, altermondialistes et gauchistes réunis posent comme une évidence qui la défense, qui la critique du capital financier.

L'arroseur arrosé

Le coup de pied de l'âne est donné par le préfacier, Charles Beigbeder. L'expression semble d'autant mieux choisie qu'il joue dans cette affaire, en apparence, le rôle de l'idiot utile. Nous verrons qu'il n'en est rien. Trois mois avant que la crise ne commence à dévaster la société Solic, le fonds d'investissement qu'il préside, Audacia, investit donc 1,5 millions d'euros dans le capital de la société. Sans cet argent[34], nous dit-il, le cabinet aurait sans doute été liquidé. Il se pose donc en véritable sauveur de l'entreprise. Cocu mais content, il constate que sans sa générosité et son sens du placement, le petit entrepreneur n'aurait pas résisté à l'épreuve. Il aurait déposé son bilan bien plus tôt et très vraisemblablement n'aurait pas été placé en redressement judiciaire (90% des dépôts de bilan sont aussitôt mis en liquidation). La société n'est pas pour autant sortie des difficultés (97,5% des entreprises en redressement judiciaire finissent en liquidation judiciaire) même si, après avoir licencié 2/3 des effectifs, elle semble plus que convalescente et cherche à accélérer le remboursement de ses créanciers.

La loi TEPA et l'investissement direct dans les PME

En fait, le préfacier, s'il se présente comme un investisseur dévoué, peut d'autant mieux prendre la pose que l'argent investi n'est pas le sien. Il fait le paon et le sage mais nous allons voir qu'il a déjà tiré une bonne partie des marrons du feu.

Audacia est une de ses sociétés financières dont la fonction sociale est d'exploiter le filon du paquet fiscal. Depuis 2007, la loi TEPA (loi en faveur du Travail, Emploi, Pouvoir d'Achat), outre de nombreux autres avantages, autorise un investisseur dans les PME non cotées à déduire

---

[34] Cet argent a été, selon lui, totalement perdu ; mais nous supposons que les investisseurs sont toujours actionnaires même si ce capital ne vaut plus grand chose.

75% (50% en 2011) de cet investissement, avec un plafond de 50 000 € (45 000 € en 2011), de l'ISF (l'impôt de solidarité sur la fortune).

En d'autres termes, un investisseur qui, en 2008, aurait investi 1 000 € dans le capital de Solic, pourrait déduire 750 € de l'ISF. Il ne prendrait donc un risque qu'à hauteur de 250 €, le 1/4 du capital investi. Donc nous avons, de fait, un investissement garanti aux trois quarts par l'État.

Les mécanismes qui favorisent la défiscalisation sont variés et complexes. Même les énarques de l'inspection des finances considèrent dans leur rapport[35] sur les dépenses fiscales et les niches sociales qu'ils sont trop nombreux et trop complexes[36]. Nous ne nous intéressons ici qu'à cette défiscalisation qui porte sur l'ISF et qui autorise une déduction de 75% des sommes investies[37] (à l'époque de l'apport en capital pour Solic) de l'ISF.

Toutes choses égales par ailleurs, pour compenser ce manque à gagner de 750 €, l'État s'endettera auprès des banques, assurances ou autre créancier en émettant des bons du trésor ou des obligations. L'emprunt d'État étant moins risqué, les banques obtiendront un taux d'intérêt plus faible que si elles avaient prêté cette somme directement à l'entreprise[38].

---

[35] Rapport du comité d'évaluation des dépenses fiscales et des niches sociales. http://lesrapports.la documentationfrancaise.fr/BRP/114000528/0000.pdf

[36] Ces conclusions nous valent cette remarque de l'IFRAP, une boîte à idées qui se fait le chantre d'un conservatisme éclairé par les théoriciens du libéralisme. « Le rapport déplore à cet égard un manque de lisibilité dû notamment aux véhicules fiscaux *« trop complexes » et « trop nombreux », « cette complexité rendant en outre difficile le travail de contrôle des services fiscaux* » : là encore cette affirmation est singulière puisque c'est la DLF qui est le plus souvent à l'origine de la réglementation touffue censée prévenir tout détournement du dispositif. Dans les faits, ces restrictions ont le plus souvent pour effet de vider le dispositif voté par le Parlement de son efficacité. ».

Dans le cas particulier, l'efficacité reste plus que sensible car pour un impôt qui rapportait plus de 3 milliards d'euros en 2009 (4,2 milliards en 2011), l'ensemble des mesures liées à l'augmentation de capital permet une défiscalisation de plus d'un milliard d'euros, soit environ 25% de l'impôt. Les barèmes 2012 vont diviser par près de 2 le montant de l'impôt sur la fortune.

[37] Sont donc concernés les investissements directs et ceux qui se font par le biais d'une holding. Les FIP et FCPI n'autorisant que (!) 50% de déduction. D'autre part, les déductions peuvent aussi concerner l'impôt sur le revenu.

[38] A supposer qu'elles n'aient pas rechigné devant un prêt jugé trop risqué dans la mesure où l'entreprise est déjà endettée auprès des banques. L'entreprise obtient même plus de capitaux puisque là où elle obtient 1 000 € la banque ne lui en

Conséquences économiques générales

Si un effet d'entraînement du à la fiscalité a lieu, il faudrait, en fait, montrer que, spontanément les investisseurs ne placent pas une partie de leur épargne dans les PME ou plus exactement que l'investissement des assujettis à l'ISF avant la réforme fiscale était inférieur au 1/4 de l'investissement actuel.

L'ensemble des mesures induisent une réduction d'impôt (ISF et Impôt sur le revenu -IR-) de plus d'un milliard d'euros pour moins de 80 000 contribuables (foyer fiscal) concernés. Quant aux mesures spécifiques que nous visons, c'est-à-dire la « réduction d'impôt sur la fortune au titre de souscriptions en numéraire en parts de société » et la « la réduction d'impôt sur la fortune au titre de souscriptions en numéraire en parts de holding », c'est-à-dire ce que le jargon fiscal appelle les holdings ISF, elles concernent, respectivement, environ 32 000 contribuables pour environ 500 millions d'euros[39] et plus de 17 000 contribuables pour une dépense fiscale de 185 millions[40] d'euros. Soit au total, environ 685 millions d'euros. Comme la réduction d'impôt représente les ¾ de l'investissement, nous obtenons un investissement de l'ordre de 900 millions d'euros. (soit un investissement moyen de l'ordre de 18 000 € par foyer fiscal.).

Un autre effet d'entraînement pourrait être trouvé dans le fait que les banques, rassurées par la présence de capitaux propres plus importants, acceptent d'accroître le montant des crédits accordés (nonobstant le fait que la distribution de crédit par les banques n'est pas illimitée). Bien entendu, pour se faire une idée de la réalité de cette hypothèse, la mesure de ces effets devrait porter sur les entreprises qui ont bénéficié de ces 900 millions d'investissement.

Supposons que les banques prêtent un euro pour un euro de fonds propres. Admettons que spontanément l'épargne vers les PME (il ne s'agit pas uniquement des entreprises nouvelles) soit de 100 millions au lieu des 900 millions permis via l'aubaine fiscale. Les banques auraient prêté 100

aurait prêté au mieux que 750 € si elle avait accepté cette forme de surendettement.

39 La dépense fiscale serait de 432 millions en 2008 et de 421 millions en 2009. Elle est estimée à 515 millions en 2010. Comme la dépense fiscale, c'est-à-dire le montant de la réduction d'impôt, représente 75% de l'investissement, les entreprises concernées ont reçu pour augmenter leur capital 576 millions d'euros en 2008 et 561millions d'euros en 2009.

40 Annexe F, Annexe III, p.35 du rapport du comité d'évaluation des dépenses fiscales et des niches sociales

millions (1 euro prêté pour un euro de fonds propres), donc loin des 900 millions requis pour le financement. Si maintenant, à la suite de la réforme fiscale, 900 millions d'euros sont disponibles, les banques pourraient théoriquement prêter la même somme soit 900 millions d'euros.

Admettons maintenant que le besoin de financement auprès des banques soit satisfait dans de plus mauvaises conditions immédiates (le taux d'intérêt est défini alors que le taux des dividendes, s'il est théoriquement identique au taux d'intérêt, reste soumis aux décisions des actionnaires. La part des profits correspondant aux dividendes peut être accumulée alors que les intérêts doivent être versés à la banque). D'autre part, le besoin de recourir à la banque est a priori moins pressant, dans la mesure où, désormais, 900 millions de fonds propres sont disponibles.

On peut en déduire un affaiblissement relatif de la demande de prêts complémentaires auprès de banques. Supposons donc que ce prêt soit dans un rapport de 2 pour 1 au lieu de 1 pour 1.

Le capital prêté sous forme de crédit bancaire s'élèverait alors à 450 millions qui viendraient s'ajouter aux 900 millions de fonds propres additionnels. Les banques prêteraient donc 450 millions au lieu des 100 millions initiaux. Au final, les banques auront prêté 685 millions à l'État du fait du manque à gagner fiscal et 450 millions aux entreprises soit 1135 millions au lieu de 100 millions aux seules entreprises. Si le taux d'intérêt est de 3% sur les 685 millions et de 5% sur les 450 millions au lieu de, par exemple, 6% sur les 100 millions, les banques réalisent un profit supplémentaire de 20,5 millions d'euros sur les prêts à l'État et de 22,5 millions – 6 millions soit 16,5 millions d'euros sur les entreprises soit un profit additionnel de 37 millions d'euros avec un risque amoindri.

En admettant maintenant que notre hypothèse soit fausse et donc qu'aucun prêt supplémentaire ne soit donné aux entreprises, les banques et autres créanciers de l'Etat obtiennent un profit de 20,5 millions supplémentaires avec un risque minoré en prêtant à l'État.

Donc, du point de vue des banques, assurances et autres créanciers potentiels de l'Etat, toute aubaine fiscale (c'est encore mieux si elle peut bénéficier à des clients dont les banques ou assurances gèrent le patrimoine) est une bonne affaire potentielle.

L'État, quant à lui, s'endette et s'affaiblit vis-à-vis de ses créanciers[41]. Des sociétés comme Audacia se créent et vivent grassement, on va le voir, à l'ombre de la défiscalisation. Bien entendu, les banques, les assurances chercheront à mettre en place des offres du même type que celle d'Audacia afin de capter une part de la manne fiscale. On gagne ainsi des deux côtés : côté capital propre et côté prêt à l'Etat.

Donc les banques, assurances et autres créanciers de l'Etat s'enrichissent avec une sécurité accrue; les classes possédantes accroissent leur fortune avec un risque très limité en raison de la garantie de fait apportée par l'État sous forme d'exonération fiscale.

Pour les managers capitalistes des PME, le crédit se transformera en avance de capital qui nourrira une demande favorisant la tension des

---

[41] On pourra mesurer à cette occasion, le patriotisme de la bourgeoisie ainsi que sa volonté de s'en prendre aux paradis fiscaux lesquels permettent entre autres aux grandes entreprises (Les sociétés du CAC 40 paient relativement moins d'impôts -voire pas du tout - que les PME) de défiscaliser leurs bénéfices.
La dette est détenue pour les 2/3 par des ressortissants étrangers. Un article du Monde du 23 juin 2011 indique via Patrick Artus, que les 3 plus gros détenteurs de la dette française sont le Luxembourg, les Îles Caïmans et la Grande-Bretagne.
Un des arguments pour supprimer l'ISF est qu'il permettrait de réduire l'exode fiscal - réel -des grands patrimoines. Donc, le patriotisme de la bourgeoisie s'arrête au seuil de sa feuille d'impôt, tandis que la politique du gouvernement pour faire revenir les souliers bourgeois sur le sol national en les garnissant de cadeaux fiscaux se traduit par le paiement des 2/3 des intérêts de la dette à l'étranger et en priorité dans des paradis fiscaux (qui peuvent abriter les intérêts de ressortissants français).
Longtemps niée par la gauche, l'émigration fiscale est maintenant reconnue afin de mieux montrer que la politique engagée a été totalement inefficace. « D'après Bercy – qui ne comptabilise comme expatriés que les contribuables disparaissant des fichiers de l'ISF, alors qu'ils y étaient précédemment inscrits, et ne prend donc pas en compte les chefs d'entreprise se délocalisant après avoir vendu leur société – le nombre des désertions se chiffrait à 821 en 2008, contre 719 en 2007 et 843 en 2006. « Le bouclier fiscal a peut-être permis d'éviter quelques départs. Mais il n'a fait rentrer personne », constatent tous les fiscalistes interrogés quatre ans après la mise en œuvre de la mesure. » (Marianne, 14-20/1/2012, p.24)
En Chine aussi, les riches veulent émigrer :
« L'institut de recherche du groupe Hurun [fondateur d'un palmarès annuel des Chinois les plus riches] a publié son Rapport sur le patrimoine des Chinois en 2011 début novembre. On y apprend que « près de la moitié des Chinois dont le patrimoine excède 10 millions de yuans [soit 1,18 million d'euros] envisageraient un départ à l'étranger » (Source dndf.org)
Le prolétariat est beaucoup moins ambigu sur ce sujet : il n'a pas de patrie.

forces productives et l'exploitation du prolétariat qui l'accompagne tandis qu'une tendance inflationniste peut se faire jour.

D'autre part, si l'argent n'est pas totalement transformé en capital à la recherche du profit mais achète du capital fictif (en prenant le contrôle d'une autre société par exemple) ou des locaux ce phénomène va faciliter la hausse des actifs financiers et immobiliers et donc favoriser le gonflement du capital fictif, la spéculation et la surspéculation qui l'accompagne.

Précisions sur le capital fictif

D'un strict point de vue théorique, les titres de propriété de la terre ne font pas partie du capital fictif. En effet, si le prix de la terre est égal à la rente capitalisée en fonction du taux d'intérêt et de ce point de vue obéit aux mêmes types de considération que le capital fictif (« On appelle capitalisation la constitution du capital fictif. On capitalise n'importe quelle recette se répétant régulièrement en calculant, sur la base du taux d'intérêt moyen, le capital qui, prêté à ce taux, rapporterait cette somme » Marx, L.III, Editions sociales, T.VI, p127-128), la formation de la rente obéit à des lois spécifiques. Le gonflement de la valeur de marché des terrains signifie un gonflement de la rente foncière ce qui n'est pas le cas des titres spécifiques du capital fictif (bons du trésor, actions, obligations, ...). Ces titres reposent sur l'intérêt et permettent également divers types de spéculation aboutissant lors des transactions à capter une partie de la plus-value (survaleur) (c'est-à-dire réaliser des plus-values au sens des agioteurs). Donc, on peut opposer rente d'un côté et intérêt plus captation de plus-value de l'autre. L'ensemble est une composante de la plus-value mais les formes du revenu sont différentes (rente versus intérêt et éventuelle captation de plus-value). Le processus de formation de ces revenus est différent mais il est vrai également qu'au sein du capital fictif actions et bons du trésor ou actions et obligations n'obéissent pas aux mêmes lois. D'autre part, ces revenus délimitent deux classes différentes. Dans le cas de la propriété de la terre, propriété privée, nous délimitons une classe de propriétaires fonciers et dans le cadre du capital fictif il s'agit de capitalistes financiers.

Ci-joint une citation de Marx où il identifie la proximité de ces phénomènes sans les assimiler

« Dit comme ça (il s'agit d'un critique de Ricardo), il est tout à fait vrai que « the value of price of land » (la valeur ou le prix du sol) qui n'est pas un produit du travail semble contredire le concept de valeur et qu'on ne peut pas l'en déduire immédiatement. Cette formule dirigée contre Ricardo n'a guère de sens, d'autant que l'auteur ne critique pas sa théorie de la rente dans laquelle Ricardo expose précisément comment se constitue la valeur nominale du sol sur la base de la production capitaliste, sans contredire la détermination de la valeur. La valeur du sol n'est rien d'autre que le prix qui doit être payé pour la rente foncière capitalisée. Ici, il faut donc pousser l'examen beaucoup plus loin que celui qui peut résulter prima facie (à première vue) de la simple étude de la marchandise et de sa valeur ; tout comme le capital fictif qui est l'objet de la spéculation boursière n'est en fait rien d'autre que l'achat et la vente de certains titres sur des fractions des impôts annuels et ne peut donc être expliqué à partir du simple concept de capital productif. » (Marx, Théories sur la plus-value, Editions sociales, T.III, p.127)

Il est possible qu'il existe d'autres passages où Marx les rapproche encore plus fortement et s'il paraît légitime de maintenir une distinction, il semble également nécessaire de réunir les actifs financiers et immobiliers (et peut-être d'autres encore – antiquités, œuvres d'art, etc. -) dans un concept qui nous manque (il équivaut pour les « ménages » au « patrimoine » ou à la « fortune » ou à la « richesse ») et qu'il faudrait forger. Comme nous ne l'avons pas fait, il y a dans ce texte sur ces sujets un certain flou conceptuel. Le phénomène du surcrédit vient gonfler aussi bien le capital fictif stricto sensu que les actifs immobiliers (augmentation de la rente foncière). D'un autre côté les formes propres à la propriété du sol prennent aussi la forme du capital fictif (SCI, SCPI, achat par des personnes morales…) et donc favorisent l'interpénétration des deux formes. Par la même occasion, la fusion entre la classe des capitalistes et des propriétaires fonciers est d'autant plus favorisée.

Les bulles ainsi créées, l'endettement de l'État accru, le développement d'intermédiaires financiers dotés d'une dimension parasitaire, toutes choses auxquelles, à son échelle et en poursuivant sa logique (la course au profit), la petite entreprise a contribué, se retournent ensuite contre elle quand les bulles éclatent et révèlent alors une suraccumulation de capital dont la première victime sera le salariat.

Après avoir rappelé l'histoire de cet avantage fiscal, la fondation[42] IFRAP, qu'on ne peut taxer de sympathie avec la gauche, conclut que, dans cette affaire, il s'agissait pour le gouvernement non pas d'aider les entreprises

---

[42] Bien que son conservatisme s'appuie sur les théoriciens du libéralisme, la fondation ne proteste guère contre la manne fiscale qui se déverse sur elle du fait des exonérations permises par le statut des fondations. Ces avantages fiscaux permettent à la bourgeoisie de financer sa réflexion et fourbir ses armes théoriques contre le prolétariat tout en enrichissant les banques et autres créanciers de l'Etat.

mais de miner l'ISF en le vidant toujours plus de son contenu de manière à le rendre encore plus inefficace et encore plus absurde[43] parce qu'il n'ose pas le supprimer. Son côté symbolique, quelles que soient les illusions qu'il véhicule (et peut-être aussi pour cette raison) et qu'entretiennent gauche et gauchistes pour dévoyer la conscience prolétaire, était trop fort.

Engels contre l'impôt sur la bourse

L'impôt sur la fortune est assis, pour l'essentiel, sur le capital fictif et les actifs immobiliers. Dans ses revendications immédiates, le parti communiste réclame inlassablement l'impôt progressif sur le revenu. De ce point de vue, il est également contre la taxe Tobin.

Déjà, à la fin du XIXè siècle, Bernstein interrogeait Engels sur la politique à suivre par rapport au projet d'instauration d'un impôt sur la bourse. Engels répondait en substance ceci :

1° Nous sommes contre les impôts indirects parce qu'il est important que le peuple mesure le mieux possible le coût de l'Etat et des dépenses indirectes qu'il doit assumer, et par la même occasion ce que le capital fait peser sur ses épaules. Par conséquent, sur le principe nous y sommes opposés.

2° Si l'impôt indirect a une dimension morale (alcool, tabac, par exemple) on peut encore se pencher sur le sujet, bien qu'on ne dépasse pas le point de vue petit-bourgeois, sans pour autant nécessairement l'accepter. En tout état de cause, dans le cas de la bourse, cet argument n'est pas opposable, il serait ridicule et réactionnaire.

3° Cet impôt limiterait uniquement la spéculation dans les marges que définit le taux d'imposition. Il s'agit donc de la spéculation la plus faible et les spéculateurs trouveront toujours un moyen pour contourner les obstacles. Si la spéculation est pour une part découragée, en revanche, l'impôt touchera systématiquement le capital réel ou soi-disant tel.

4° Les spéculateurs quand ils gagnent ne font qu'accaparer une partie de la plus-value déjà produite. Il est pour une part, indifférent au prolétariat que ce soit telle ou telle fraction de la bourgeoisie qui se l'approprie.

5° La spéculation et la bourse sont parmi les plus belles fleurs de la société bourgeoise et pour que chacun puisse voir à quel point cette société est absurde, il est de notre intérêt de les laisser s'épanouir. Par ailleurs, la centralisation de la propriété qu'elle opère joue également un rôle révolutionnaire et est favorable au développement de la production capitaliste (ex. Etats-Unis)

---

[43] Voir l'encadré ci-après : Engels contre l'impôt sur la bourse

6° Les protestations contre la bourse ont un caractère petit-bourgeois ou elles relèvent d'un conflit entre capitalistes industriels et capitalistes financiers.
On pourrait ajouter que pour calculer et collecter cet impôt, une bureaucratie supplémentaire sera nécessaire et que plus d'un siècle d'expérience supplémentaire a montré que quand bien même cet impôt existe il n'a jamais empêché, comme le montrait déjà Engels, la spéculation.
"(...) Stock exchange tax. Has long existed here in England in the form of a simple, everyday stamp on the transfer document - 1/2% of the amount paid and 5% transfer fee (securities au porteur are rare over here; they are free). The only consequence is that the real speculation on the stock exchange is in margin dealings where no actual transfer takes place. Hence only affects the so-called 'solid capital investment'. Nor has anything ever been devised that the stock market speculators cannot circumvent.
I am against it, 1. because we, after all, demand only direct taxation, rejecting any that is indirect, so that the people may know and sense what they are paying, and also so that the capital can be got at in this way, 2. because we certainly cannot vote one penny to this government.
You are right in describing the outcry against the stock exchange as petty-bourgeois. The stock exchange simply adjusts the distribution of the surplus value already stolen from the workers, and how that is done may at first be a matter of indifference to the workers as such. However the stock exchange adjusts this distribution in the direction of centralization, vastly accelerates the concentration of capitals and is therefore as revolutionary as the steam engine. Equally petty-bourgeois, though perhaps just excusable, are taxes with a moral purpose - beer, spirits. In this context they are quite ludicrous and altogether reactionary. Had the stock exchange in America not created colossal fortunes, how would large-scale industry and a social movement have been possible in that land of farmers? It would be quite a good idea if you were to lash out here. But with circumspection. The must be no gap in one's defences where your Stoeckers are concerned. (...)" (Lettre de Engels à Bernstein, 8 février 1883)

« Pour en revenir à l'impôt sur la Bourse, nous n'avons pas besoin de nier l'« immoralité » de la Bourse et l'escroquerie qu'elle représente ; nous pouvons même la dépeindre de façon fort suggestive comme le couronnement de l'accaparement capitaliste, le lieu où la propriété se ramène directement au vol, mais il faut conclure ensuite qu'il n'est pas du tout dans l'intérêt du prolétariat de briser cette belle fleur de l'économie actuelle, mais bien plutôt de la laisser s'épanouir en toute liberté, afin que même le plus bête comprenne à quoi aboutit l'économie actuelle. Laissons donc l'indignation morale à ceux qui sont assez cupides pour aller à la Bourse, sans être eux-mêmes des Boursiers, et qui, comme il se doit, se font plumer. Et si ensuite la Bourse et les « affaires sérieuses » se mettent à se disputer et si le Junker, qui essaie lui aussi de se lancer dans le petit jeu des papiers en Bourse et qui nécessairement y perd sa chemise, est le troisième larron dans ce combat que se livrent mutuellement les trois fractions principales de la classe des exploiteurs, alors nous serons le quatrième, celui qui rit le dernier. » (Lettre de Engels à Bernstein, 10 février 1883)

Devant le scandale, l'inefficacité relative de la mesure, le développement de société d'intermédiaires au caractère parasitaire qui coûtent au final bien plus cher que la distribution de crédit par les banques, enfin la crise étant passée par là, l'avantage a été abaissé[44] (il reste plus que substantiel), à 50% tandis que le plafonnement était porté à 45 000 € au lieu de 50 000 €[45].

---

[44] Dans la langue de bois de l'énarchie cela donne : « (…) à la lumière des précédentes analyses sur les financements intermédiés, et dans un souci de préservation de la cohérence de l'ensemble des dispositifs fiscaux de soutien aux fonds propres des PME, la dernière loi de finances a également resserré et recentré l'avantage fiscal issu de l'investissement direct en capital (…). » (Rapport du comité d'évaluation des dépenses fiscales et des niches sociales; Annexe F. DF 400202.pdf, p.32)

[45] Le champ de l'investissement a également été limité. Cette absence de limitation a fait l'objet de détournements et tripotages divers. « Il en est ainsi des montages qui consistent, non pas à utiliser la holding pour investir dans des PME existantes ou en création, mais à y recourir comme moyen de collecter des fonds en agglomérant un nombre important de souscripteurs qui ne se connaissent même pas, voire qui ont été démarchés, pour ensuite créer, à la demande, des kyrielles de SARL ad hoc, dans lesquelles 100% des fonds levés sont investis, et dont l'objet social est de louer des biens corporels ou incorporels à des PME (ces SARL versent, bien sûr des commissions de gestion à la holding). Il est bien précisé aux investisseurs qu'au terme du délai fiscal de conservation les actifs seront cédés par les SARL qui seront absorbées par la holding qui sera ensuite dissoute. Il en est de même des montages où le capital des sociétés créées par la holding est uniquement investi pour acquérir des biens immobiliers à caractère patrimonial en vue d'un pur investissement de rendement. » (Question écrite n° 04825 du sénateur Philippe Adnot (Aube – NI) publiée dans le JO Sénat du 19/06/2008 - page 1188)

De même, les investissements dans les énergies renouvelables dont le photovoltaïque bénéficiant de tarifs de rachat EDF avantageux pendant 20 ans permettent un rapport risque/rentabilité très avantageux. (cf. p.18 Annexe 4, Rapport du comité d'évaluation des dépenses fiscales et des niches sociales; Annexe F). Enfin, jusqu'à présent, rien n'empêchait la création d'une société

Un modèle économique en or

Comme toute société, Audacia cherche à faire des profits. Sur leur site web (octobre 2011), la manne fiscale est jugée « incroyable » ; ils n'en reviennent pas eux-mêmes d'un tel avantage (nous avons vu qu'il s'agissait de miner l'ISF et non d'aider les entreprises) et encore une intervention du conseil d'Etat avait déjà limité les avantages initiaux prévus (100% de réduction !!!).

Quel est le schéma général de fonctionnement ? Ce schéma a évolué à partir de 2010 avec les contraintes supplémentaires (notamment limitation du nombre d'actionnaires à 50) qui ont pesé sur les holdings ISF, compte tenu de leurs pratiques. Des dispositifs de contournement ont été mis en place qui font dire à l'inspection des finances que le bilan de la réforme est mitigé.

A l'époque où Audacia a apporté 1 500 000 € de fonds propres à Solic, le schéma devait être le suivant[46] :

L'investisseur, le contribuable assujetti à l'ISF qui souhaite bénéficier de l'aubaine fiscale investit en moyenne environ 15 750 €. On lui prélève environ 5% pour les frais de commercialisation qui sont payés à des distributeurs (Est-ce Audacia lui-même ?). Il reste un investissement effectif de près de 15 000 €. Pour 15 000 € investi, il peut prétendre à une déduction fiscale sur l'ISF de 15 000 *0,75 soit 11 250 €. Il souscrit les actions d'une holding qui elle-même investira en actions à souscription préférentielle dans une vingtaine de sociétés sélectionnées par Audacia. Le

---

chargée de l'achat des vins, cigares, objets d'art et chevaux de course du contribuable ISF.
Nos énarques ne sont pas à même d'évaluer la part de ce type d'investissement. Ils concluent à « la relative méconnaissance de l'impact de ces dépenses fiscales par les pouvoirs publics, en l'absence de tout dispositif de traçabilité et de suivi » (Rapport du comité d'évaluation des dépenses fiscales et des niches sociales. p.72)

[46] Sans le nommer explicitement (on a sa pudeur) le rapport de la commission d'évaluation des dépenses fiscales et des niches sociales prend pour exemple, le modèle d'Audacia. Le rapport oppose les sociétés ayant de bonnes pratiques supposées (notamment celles regroupées dans l'association nationale des holdings) à celles qui relèvent de « purs effets d'aubaine » (Annexe F, p.31). Ces dernières ont développé des « montages permettant des investissements à la fois rentables et très peu risqués, ne présentant aucune faille de marché et ne justifiant dès lors pas d'intervention publique. » (Annexe F. p.31). A titre d'illustration suit l'exemple de deux gestionnaires. Si le gestionnaire N°1 du rapport n'est pas Audacia c'est donc son frère. S'il n'en a point, c'est donc quelqu'un des siens.

risque de l'investisseur est donc réparti sur plusieurs sociétés. En réunissant les investissements de 2 000 contribuables on obtient un capital de 30 000 000 €. Ce capital peut être apporté pour augmenter les fonds propres d'une vingtaine de sociétés comme Solic, ce qui donne un investissement moyen de l'ordre de 1 500 000 € par société.

L'entreprise doit payer à la holding, un dividende prioritaire de 4%. Ce dividende est capitalisable au taux de 15%. C'est-à-dire que si l'entreprise ne paye pas une année les dividendes, elle devra l'année suivante payer les 4% annuels et les 4% dus de l'année précédente majorés de 15% (et ainsi de suite, si le paiement n'est pas effectué)

Une convention d'assistance est passée entre la holding et Audacia afin de représenter les investisseurs au conseil d'administration ou dans les assemblées des sociétés et d'aider à la gestion de la holding. A ce titre, la holding verse à Audacia, 0,6% du capital souscrit la première année et 2% du montant de la souscription l'année suivante. En d'autres termes, pour un investissement de 1 500 000 €, Audacia reçoit 9 000 € à la souscription puis la moitié des dividendes si ceux-ci sont payés. S'ils ne sont pas payés, Audacia est quand même payé. C'est la holding qui supporte le risque.

Audacia est aussi en relation avec l'entreprise à qui elle demande 6% des souscriptions à titre de commissions d'apport. D'autre part, comme elle est supposée apporter également un service sous forme de conseil – stratégie, financement-, de mise à disposition de réseaux et autre « coaching » via la représentation de l'investisseur, elle demande à l'entreprise des frais de gestion annuels dont le montant est de 1% du capital investi. Par conséquent, dès l'apport du capital réalisé, Audacia empoche près de 100 000 € (90 000 € - voire 94 500 € si le calcul porte sur les souscriptions et non sur le capital investi - auprès de l'entreprise et 9 000 € auprès de la holding). Éventuellement, il y aura aussi des rentrées liées à la commercialisation (4,76% de la souscription).

La formule des actions à souscription préférentielle permet aux anciens actionnaires d'exercer un droit de rachat du capital.

Comme les investisseurs doivent garder au minimum les actions pendant 5 ans pour ne pas perdre l'avantage fiscal, cette option de rachat s'exercera au bout de cinq ans pour un prix de 1 560 000 € (montant initial plus le dividende de l'année) + éventuellement la majoration des dividendes non versés. Si la valeur des actions est potentiellement plus importante du fait du développement de la société, l'investisseur n'obtient en général aucune plus-value (au sens des agioteurs). La valeur de rachat ne garantit même pas le capital si l'inflation atteint 2% par an.

Le non rachat est relativement dissuasif pour les anciens actionnaires car à partir de 5 ans le taux des dividendes à verser serait égal au taux d'intérêt du marché interbancaire (Euribor) + 10%. D'autre part, les frais de gestion demandés par Audacia grimpent alors à 4%. Les anciens actionnaires ont donc tout intérêt à trouver une solution pour racheter le capital.

Comme l'investissement porte sur un grand nombre de sociétés, la faillite de certaines avant les cinq ans – c'est le cas de notre petite entreprise – n'obère le capital des investisseurs qu'en relation avec l'importance relative du capital investi dans ces sociétés. Par temps calme, avec une hausse des prix relativement contenue, la perspective pour l'investisseur de retrouver 90 à 110% de l'investissement nominal initial et donc environ 80 à 100% de l'investissement en euro constant conserve une forte probabilité, du moins sur le papier. Au mieux, l'investisseur récupère son capital qu'il aura prêté sans intérêt (ni plus-value financière éventuelle) et pour lequel il aura pris le risque en cas de faillite.

La société financière Audacia de son côté n'a pris aucun risque. Ce n'est pas son argent qu'elle prête et forte de sa position (les banques ne veulent pas prêter plus à une société déjà endettée) elle apporte un capital à l'entreprise pour lequel elle demande une commission de 6% du montant de ce capital. Audacia a apporté à Solic 1 500 000 € pour qu'elle augmente son capital social. Cet argent a été recueilli auprès des investisseurs, contribuables assujettis à l'ISF qui veulent bénéficier de l'aubaine fiscale. Ils portent le risque de l'opération. Ce faisant Audacia reçoit de la part de Solic une commission de 6% pour bénéficier de ce capital et 0,6% de la part de la holding. Audacia a donc reçu près de 100 000 € avant que ne démarrent les opérations.

On comprend mieux que son Président préfacier puisse faire preuve d'une grande hauteur de vue sur un investissement à perte. Ce n'est pas son argent et il a déjà mis la main sur une partie non négligeable de ce capital (avec les frais de commercialisation, on dépasse les 10% soit plus de 150 000 € qui sont partagés entre les divers acteurs. La plus grande part sinon la totalité va à Audacia). Par contre, c'est lui qui a conseillé cet investissement hasardeux à ses clients et cette préface sonne comme un plaidoyer pour son impéritie. Elle lui permet aussi de montrer qu'il n'est pas le seul à faire perdre de l'argent aux sociétés. Charles Beigbeder fait allusion (p.11), et ce bien qu'il ait eu de nombreuses subventions, aux déboires de Poweo - plusieurs dizaine de millions de pertes – ou de Selftrade[47]. Enfin, 100 000 € pour une préface de trois pages imprimées en caractères pour mal voyants, pour faire figurer son nom sur la couverture et pouvoir parler du livre en guise de lot de consolation pour les investisseurs malheureux, voilà qui n'est pas mal !

Par conséquent, l'investisseur, le contribuable ISF, prend un risque sur cinq ans et son capital n'est pratiquement pas rémunéré. Il doit s'estimer bien content s'il le récupère plus ou moins intégralement. Mais son risque est de fait garanti à 75% par l'État, lequel, toutes choses égales par ailleurs, s'est endetté pour compenser le manque à gagner fiscal. Le ¼ de la somme investie, que l'investisseur doit complètement sortir de sa poche, ne lui rapportera pas d'argent (son capital ne reçoit pas de dividendes avant 5 ans). Cela constitue un manque à gagner réel qu'empoche Audacia sous couvert de frais de gestion, de conseil, etc.[48] (3 % par an[49] – 2% qui

---

[47] Selftrade, courtier en ligne, cherchera à se distinguer des concurrents en faisant notamment une publicité mettant en scène Karl Marx ou Trotsky se retournant dans leur tombe en entendant la promesse de la société « Et si la bourse profitait à tous » (http://www.ina.fr/pub/telecoms-informatique-audiovisuel/video/PUB 1411741085/self-trade-tombe.fr.html)

« L'année aura donc été éprouvante pour l'ancien patron de SelfTrade d'autant que la baisse des transactions sur les marchés d'actions a obligé le groupe à effectuer des coupes claires dans ses effectifs pour réduire ses coûts. "Sur le plan professionnel c'est enrichissant pour un manager, mais sur un plan plus humain cela a été sanglant" estime-t-il, regrettant simplement de ne pas avoir pu rester "jusqu'à la rentabilité". "Mais j'ai décidé de me consacrer à d'autres activités" avoue-t-il.

Charles Beigbeder ne partira pas les mains vides puisqu'il devrait bientôt rentrer en possession de ses titres DAB Bank obtenus lors de la fusion avec SelfTrade. Le fondateur avait apporté plus de 2,5 millions de titres lors de l'échange et devrait donc récupérer plus de 600.000 actions DAB Bank en tenant compte de la parité d'échange. Soit une coquette plus-value de près de 9 millions d'euros au cours d'hier soir. Une somme qui pourrait doubler puisque son épouse, qui conservera ses fonctions d'analyste financier dans la société, détenait également plus de 2 millions de titres SelfTrade. Ces titres seront toutefois soumis à un engagement de conservation graduel de 18 mois. » (Journal du net finance 15/01/2002)

[48] On peut imaginer qu'il s'agit d'aller dormir dans les fauteuils du conseil d'administration en attendant l'heure du repas dans un bon restaurant (payé par la société administrée). Puis, en début d'après-midi, on retournera au bureau roter les profiteroles et faire quelques graphiques pour montrer au souscripteur à quel point son investissement est utile et judicieux. Nous exagérons ! Nous caricaturons ! Même pas ! Nous sommes en dessous de la vérité !

viennent de la holding, 1% de l'entreprise). Ces 3% par an viennent s'ajouter à la commission de 6 % versée au départ. L'entreprise quant à elle doit payer 5% par an (4% de dividendes et 1% de frais de gestion). Il reste 2% pour la holding.

Pour l'entreprise, d'un point de vue pratique, tout ce montage peut s'apparenter à un prêt in fine, c'est-à-dire un prêt où on ne paye que des intérêts pendant toute la durée du prêt et où le remboursement du principal n'intervient qu'à la fin du prêt. En même temps, comme il ne sera remboursé que dans cinq ans, les actionnaires historiques bénéficieront de l'inflation sur cinq ans.

L'entreprise, de fait, ne reçoit pas 100% du capital mais nous allons le voir environ 96% de celui-ci. Il a fallu payer pour disposer de ce capital une commission de 6% soit 90 000 €. Dans la comptabilité de l'entreprise, cela se présente comme une charge qui réduit le profit d'autant. Mais si la somme était restée dans l'entreprise pour nourrir les fonds propres, l'entreprise aurait payé 1/3 d'impôts (il ne lui serait donc resté que 60 000 € pour l'accumulation) donc c'est plutôt 96 % du capital (1 440 000 € effectifs pour 1 500 000 € nominaux) qui sont, de fait, mis à disposition de l'entreprise. Elle devra rembourser 1,04% de 1 500 000 € soit 1 540 000 € au bout des cinq ans. Le taux d'intérêt effectif est au minimum de 5 % par an. Mais nous l'avons vu, par le jeu des commissions, c'est 96% de cette somme dont dispose effectivement l'entreprise ; le taux d'intérêt effectif en est relevé d'autant. Il est donc plutôt autour de 5,2%. Par conséquent, de fait, l'entreprise obtient l'équivalent d'un prêt in fine sur cinq ans pour un taux d'intérêt supérieur à 5% et assorti de conditions léonines en cas de non rachat du capital ou d'absence de versement des dividendes.

Les fameux fonds propres (l'équivalent de prêts in fine à taux d'intérêt élevés soutenus par l'État qui s'endette d'autant), supposés affermir la solidité des entreprises, apparaissent alors comme un des meilleurs

---

Les inspecteurs des finances ont demandé à nombre de patrons ce qu'il fallait penser du conseil prodigué. La réponse semble sans appel « (…) les entrepreneurs rencontrés par la mission jugent, dans leur grande majorité, que le rôle des sociétés de gestion est, dans le meilleur des cas, limité à celui de financeur et, dans le pire des cas, contreproductif dès lors qu'elles s'immiscent dans leur gestion » (Rapport du comité d'évaluation sur les dépenses fiscales et les niche sociales, Annexe F, Rapport, p.33). En d'autres termes, il vaut mieux qu'ils dorment, parce que s'ils l'ouvrent c'est pour dire des conneries et pousser l'entreprise à la faute.

[49] Il est possible que le gestionnaire doive reverser 1% au distributeur.

moyens pour précipiter leur perte si une forte croissance n'est pas au rendez-vous[50].

Par contre, pour Audacia, tout va bien. Il suffit de regarder ses bilans. En 2008, le résultat net a été de 989 195 € pour un chiffre d'affaires net de 2 702 017 €, en 2009, le résultat est de 991 196 € pour un chiffre d'affaires de 4 023 800 € soit des profits nets de près de 25% du chiffre d'affaires. Pendant ce temps, en 2009, la holding Audacia ISF 2014 qui regroupe les investissements des contribuables assujettis à l'ISF dont l'échéance est 2014 perdait plus de 10% du capital social (plus de 20% cumulé, en 2010) tandis que la holding Audacia ISF 2015 affichait une perte de l'ordre de 10% du capital.

Récapitulatif

Récapitulons :

- Le gouvernement conduit l'État à s'endetter pour faire face au manque à gagner lié à sa pseudo politique industrielle de soutien aux fonds propres aux PME. Il s'agit en fait d'un acte sournois, purement politique, pour vider de son contenu l'ISF
- Les banques et autres créanciers de l'État prêtent au minimum 685 millions d'euros supplémentaires avec un risque amoindri et obtiennent ainsi via les intérêts qui leurs sont versés une partie de la plus-value sociale.
- Les patrimoines les plus importants voient leur impôt diminuer et leur investissement bénéficier, d'une certaine manière, d'une garantie de 75% de la part de l'État. En effet, tant que la perte n'excède pas 75% du capital investi, l'opération reste rentable du fait de la déduction fiscale.
- Des sociétés financières ou des services bancaires, non seulement improductifs[51] mais de plus à la dimension parasitaire marquée, jouent un rôle centralisateur de l'offre et

---

[50] Selon nos informations, les dernières modalités offertes par Audacia, feraient porter encore plus de poids sur l'entreprise et moins sur les souscripteurs (commission de 10%, frais de gestion de 4%, rachat du capital augmenté de 10% après 5 ans)

[51] Comme notre cabinet de conseil en recrutement, les activités de sociétés comme Audacia sont improductives. La force de travail qu'elle emploie ne produit ni valeur ni plus-value et, par ailleurs, son activité sociale est fortement marquée de parasitisme. L'ensemble de son chiffre d'affaires et non seulement son profit sont de la plus-value (survaleur) (pour autant que nous raisonnons dans le cadre d'un mode de production capitaliste pur).

de la demande et empochent au passage une partie du capital et des intérêts sous couvert de commissions, de dividendes, de frais de gestion et de frais de commercialisation. Une autre partie de la plus-value sociale est ainsi accaparée par ce type de société.

- Du point de vue de l'investisseur, le capitaliste financier original, il est lésé d'une partie du capital prélevé sous forme de frais de commercialisation, d'une partie des intérêts et de toutes les plus-values potentielles. Il porte complètement le risque de moins-values en cas de faillite. Au mieux il récupérera son capital si l'inflation est quasi nulle.
- Considérant
  - que l'opération de défiscalisation est attrayante (pour payer 12 500 € d'ISF, il faut un patrimoine de 2 500 000 € - barème 2009 -. On peut donc considérer que cette seule opération de défiscalisation peut annuler, pour les tranches les plus basses, le montant de l'ISF),
  - qu'il a peu de temps à y consacrer s'il est actif (cependant bon nombre des souscripteurs sont retraités ou disposent de revenus fonciers) et a des revenus et une épargne à la hauteur de son patrimoine,
  - que tant que la perte en capital est inférieure à 75%, l'opération reste rentable,

les intermédiaires espèrent[52] que l'investisseur ne sera pas trop regardant sur leurs pratiques.

- Les entreprises obtiennent l'équivalent d'un prêt in fine. Le coût social de l'attribution de ce prêt est considérable ; en proportion du parasitisme de l'intermédiaire financier. Prêté au mieux à taux zéro si ce n'est avec un taux négatif, et sans garantie de capital par l'investisseur, l'assujetti à l'ISF, le capital finit entre les mains de l'entreprise avec un taux d'intérêt supérieur à 5%, soit un taux bien plus élevé qu'un prêt bancaire.
- Une fois engagés, les actionnaires historiques doivent racheter le capital (qui de fait prend donc la forme d'un prêt in fine) au bout de cinq ans sinon l'entreprise devra subir une hausse considérable du taux d'intérêt. Ces conditions sont dissuasives.

---

[52] Bien que la plus grande avarice accompagne souvent la plus grande richesse (l'Église, qui s'y connaît, ne prêche-t-elle pas la miséricorde, c'est-à-dire avoir un cœur de pauvre ?)

- Que peut-il se passer si les ressources n'ont pu être trouvées pour racheter les actions au montant fixé ?
  - Une première hypothèse serait que, cela reste à vérifier, Audacia puisse se livrer à la même opération. Un coup d'accordéon – le capital est réduit puis augmenté – et valsez musette ! Voilà une entreprise cible toute trouvée pour Audacia et le juteux manège peut continuer si les lois fiscales sont toujours en place.
  - Une deuxième hypothèse est qu'un banquier, rassuré par le premier prêt dès lors que l'entreprise aura fait bon usage du capital, se substitue à Audacia dans des proportions qui restent à définir en prenant en compte les fonds propres que pourront mobiliser les actionnaires historiques.
  - En tout état de cause la sortie des actionnaires représentés par Audacia ne sera pas nécessairement une partie de plaisir.
- La classe productive, le prolétariat, supporte toute cette engeance, via la production d'un maximum de plus-value.

Charité bien ordonnée commence par soi-même

Comme on n'a pas toujours l'occasion de mettre directement en relation l'idéologie bourgeoise et les intérêts matériels de la classe dominante (les acteurs sont en général des personnes différentes), on savourera et commentera cette déclaration de Charles Beigbeder (par ailleurs membre de l'UMP et du comité exécutif du Medef, vice-président de la Fondapol, une boîte à idées libérale) lors d'un débat avec le socialiste Hamon : « Il y a un certain nombre de niches fiscales et sociales qui sont extrêmement inefficaces (compte tenu de ce que nous avons vu, ce n'est pas trop s'avancer que de conclure que celles sur lesquelles repose ou a reposé Audacia auraient pu en faire partie pour près de 685 millions d'euros[53]. NDR). Le rapport de l'Inspection générale des finances[54] en a listé 125 qui

---

[53] En fait plus, car Audacia permet aussi la défiscalisation via des FIP - Fonds d'investissement de proximité - dont nous n'avons pas parlé. Le comité d'évaluation note dans son rapport que les FIP n'ont atteint, dans les faits, aucun des objectifs qui avaient présidé à leur création.(cf. Synthèse p.4, Annexe F du rapport du comité d'évaluation des dépenses fiscales et des niches sociales.)

[54] Le rapport est parti de documents budgétaires qui identifiaient 501 mesures fiscales ou sociales pour près de 100 milliards d'euros. Au cours de la mission les inspecteurs en ont ajouté 37 autres représentant plus de 5 milliards d'euros. Les mesures trop récentes (après février 2009) ont été écartées ainsi que celles qui

étaient jugées très inefficaces pour 12 milliards d'euros (du fait de l'insuffisance des données disponibles, la quasi-totalité - cinq sur six - des mesures en faveur du capital-investissement des PME n'a pas pu être évaluée – nos énarques sont bien plus prudents que nous mais nous avons vu qu'en ce qui concerne Audacia, ils n'en pensaient pas moins - NDR)[55]. Je crois qu'il faut effectivement changer cela. Mais attention ! Supprimer une niche fiscale (notamment celle sur laquelle repose Audacia NDR), c'est augmenter les impôts (Dans notre cas particulier, il s'agit de l'impôt sur la fortune auquel, par ailleurs, Charles Beigbeder est vraisemblablement assujetti NDR). Donc il faut être très vigilant que ça ne se produise (sic) pas par une baisse de la croissance (l'existence parasitaire d'Audacia serait directement menacée, mais comme cette société ne produit ni valeur ni plus-value, l'effet immédiat sur la croissance serait nul NDR). Je pense qu'il faut d'abord mettre plus d'efficacité dans les dépenses publiques en général et en particulier dans les dépenses sociales.(il vaut donc mieux s'en prendre au salaire social du prolétariat qu'à mes profits et activités parasitaires NDR) » (Face à la crise qui doit payer ? Le Monde 01/01/2011)

---

avaient été supprimées en 2010. Au final ce sont 473 dépenses fiscales représentant 65 milliards d'euros et 83 niches sociales représentant 41 milliards d'euros qui ont été examinées. Soit au total, 556 mesures. Parmi celles-ci, faute de temps et surtout faute de données suffisantes, 171 mesures n'ont pas pu être évaluées complètement.

[55] Le rapport en annexe visant la mesure qui n'a pas pu être évaluée du fait de l'absence de données conclut cependant « (…) la dernière loi de finances a également resserré et recentré l'avantage fiscal issu de l'investissement direct en capital, (…) (en particulier baisse de la réduction d'impôt de 75% à 50% et clauses « anti-abus » d'éligibilité des investissements). »

Le rapport du comité d'évaluation des dépenses fiscales et des niches sociales constate : « **En l'absence de tout dispositif de recensement et de suivi consolidé des holdings investissant dans les PME**, la mission n'a cependant pu recueillir de statistiques consolidées sur ce dernier véhicule » (p.11 Annexe F. Souligné par les rapporteurs.)

Néanmoins, une partie des acteurs (dont fait partie Audacia) est clairement visée « (…) **Concernant les holdings**, la mission a constaté **des stratégies d'investissement très hétérogènes**, avec des **bonnes pratiques** mais aussi **des montages et des détournements de l'esprit du dispositif ne justifiant pas l'allocation d'argent public**. Une telle hétérogénéité s'explique par la conjonction d'**un ciblage trop lâche des investissements, d'un contrôle insuffisant des holdings, et d'un avantage fiscal de 75% beaucoup trop élevé**, revenant à **faire des holdings des instruments de pure défiscalisation de l'ISF**, au-delà de toute considération liée au besoin en fonds propres des PME » (Synthèse p.4 Annexe F du rapport du comité d'évaluation des dépenses fiscales et des niches sociales. Souligné par les rapporteurs.)

Une préface en forme d'épilogue

Audacia fait donc payer à Solic le capital obtenu au détriment des souscripteurs à un taux bien supérieur au taux d'intérêt de la banque[56]. Plutôt naïf, (il est vrai que le pigeon n'a pas pu être plumé jusqu'au bout[57]

---

[56] Le coût social de mise à disposition du capital est tellement élevé qu'on peut penser qu'il est plus important que si l'Etat lui-même se chargeait de la transaction. Si nous rapportons le chiffre d'affaires d'Audacia 2009 soit plus de 4 millions d'euros au capital collecté soit une trentaine de millions (pour être plus juste il faudrait faire le calcul sur plusieurs années) nous obtenons un ratio de plus de 10%. L'Anvar, le principal organisme public en charge du financement de l'innovation, privatisée depuis sous le nom d'Oséo avait un bilan calamiteux. Si nous en croyons Bernard Zimmern, fondateur de l'IFRAP, «L'ANVAR a été incapable d'établir un bilan; il y avait un trou de 262 millions dans les comptes en 2005 et même un cabinet d'experts comptables mandatés pour essayer de rétablir les comptes, n'y est pas parvenu. Il faut dire que le président de l'ANVAR était un inspecteur des finances et son secrétaire général un magistrat de la Cour des comptes. Ils ont tous deux été frappés d'une amende de... 1.000 euros par la Cour de discipline budgétaire pour avoir laissé l'ANVAR sans comptabilité probante pendant des années. Cela est sanctionné dans une entreprise privée par des peines pénales jusqu'à 5 ans d'emprisonnement. ». Pour autant que l'on puisse en tirer des conclusions tant la matière est touffue, p.9 le rapport annuel 2009 d'Oséo (Cet organisme traîne aussi des casseroles via la garantie de prêts bancaires à de petits entrepreneurs qui ont été poussés à s'endetter puis ruinés parce qu'ils n'avaient pas compris que ce n'était pas leur emprunt qui était garanti mais leur défaillance éventuelle qui était garantie auprès de la banque) constate qu'en 2008, Oséo innovation distribuait 750 millions d'euros (avances remboursables et subventions) pour un coût de fonctionnement de 50 millions TTC (et 580 millions en 2009 pour un coût de fonctionnement identique - ce qui tendrait à montrer que le gouvernement a de la suite dans les idées en matière de politique industrielle !). Avoir un coût social plus élevé que si le travail était effectué par des fonctionnaires (qui il est vrai n'ont pas à chercher les souscripteurs), se développer à l'ombre de la défiscalisation voilà la prouesse de sociétés dont les patrons (souvent libéraux) font volontiers des leçons de gestion à l'Etat. L'abus de position est à ce point évident que les énarques de l'IGF qui pourtant en ont vu plus d'une en matière de gabegie sociale, concluent dans leur rapport sur les niches fiscales que « une partie des flux d'investissement est captée par les sociétés de gestion et les intermédiaires financiers, du fait de frais de gestion élevés, au détriment des PME et des souscripteurs » (Rapport du comité d'évaluation des dépenses fiscales et des niches sociales. p.71)
Bien entendu, pour le prolétariat, il ne s'agit pas de mieux gérer l'Etat et les entreprises mais de les supprimer.

[57] En fait, comme la société a été placée en redressement judiciaire, la composition du capital social n'a pas été modifiée. Si la société se redresse tous les espoirs sont permis. D'autre part, il n'est pas sûr que les frais de gestion annuels,

car il a été carbonisé avec les plumes restantes) notre jeune entrepreneur, sans doute fasciné par l'étoile de la finance sur laquelle rejaillit une partie de la gloire de son frère écrivain et vice versa, semble donc tout fier, de bénéficier de la « disponibilité amicale » du préfacier. Prompt à pourfendre le « capitalisme financier » des Lehman Brothers, des Madoff et, nous le verrons, de ses propres banquiers, il conserve vis-à-vis de son intermédiaire financier la fascination du blaireau devant le cobra.

---

comme la capitalisation des dividendes ne continuent pas à courir et donc que la société ne doive pas s'acquitter de cette dette.

L'épisode du dépôt de bilan

En dépit des mesures prises : licenciement économique, mise en place d'une procédure de chômage partiel, baisse des salaires des associés, licenciements/départ d'une partie d'entre eux, économies de fonctionnement, suppression d'avantages, … l'entreprise est acculée au dépôt de bilan. Elle ne peut même plus payer les frais liés à des licenciements supplémentaires. Pour bien comprendre la suite des événements il faut entrer dans les subtilités du droit des faillites et faire une évaluation du patrimoine et des revenus de notre entrepreneur.

Revenus et patrimoine individuels

Le salaire

Que savons-nous de lui ? Notre homme est assez discret sur son salaire. Il a par contre insisté sur le fait qu'il a commencé par le réduire de 30% (p.37, p. 39) à partir d'octobre 2008 puis qu'il l'a supprimé complètement (p.58, p.72, p.77) à partir de février 2009. En ce sens, alors qu'il n'a pas été toujours exemplaire dans le passé en sur consommant les profits, il met ses papiers en règle avec le concept de manager capitaliste. Comme le montre Marx, dans le chapitre du « Capital » consacré à l'accumulation du capital, le manager capitaliste, pour être respectable – ce qui ne lui donne pas pour autant la moindre légitimité historique supplémentaire - doit traiter son propre salaire comme une charge[58].

---

[58] « Le capitaliste n'a aucune valeur historique, aucun droit historique à la vie, aucune raison d'être sociale, qu'autant qu'il fonctionne comme capital personnifié. Ce n'est qu'à ce titre que la nécessité transitoire de sa propre existence est impliquée dans la nécessité transitoire du mode de production capitaliste. Le but déterminant de son activité n'est donc ni la valeur d'usage, ni la jouissance, mais bien la valeur d'échange et son accroissement continu. Agent fanatique de l'accumulation, il force les hommes, sans merci ni trêve, à produire pour produire, et les pousse ainsi instinctivement à développer les puissances productrices et les conditions matérielles qui seules peuvent former la base d'une société nouvelle et supérieure.

Le capitaliste n'est respectable qu'autant qu'il est le capital fait homme. Dans ce rôle il est, lui aussi, comme le thésauriseur, dominé par sa passion aveugle pour la richesse abstraite, la valeur. Mais ce qui chez l'un parait être une manie individuelle est chez l'autre l'effet du mécanisme social dont il n'est qu'un rouage.

Le développement de la production capitaliste nécessite un agrandissement continu du capital placé dans une entreprise, et la concurrence impose les lois immanentes de la production capitaliste comme lois coercitives externes à chaque

Les associés sont également mis à contribution. Nous apprenons donc qu'une baisse de 30% des salaires des membres du comité de direction pourrait réduire les pertes des prochains mois de 10 à 15% (p.37). Comme la société a perdu 300 000 € en septembre[59] nous devons conclure que 30% du salaire des membres du comité de direction, les associés, représentent 45 000 €, pour la fourchette haute -15%-, soit un salaire total de 150 000 € par mois pour notre fine équipe. Si nous prenons la fourchette basse, soit 10%, nous obtenons respectivement 30 000 € et 100 000 € (on ne sait pas s'il s'agit du salaire incluant les cotisations sociales, du salaire brut ou du salaire net).

Combien sont-ils dans ce comité de direction ? On ne sait pas. On peut penser, que Luc (p.36, p.38, p.72, p.80, le père, le fondateur de l'entreprise et directeur financier en fait partie. Ailleurs, il parle de Henri (p.53, p.63, p.64, p.65, p.66, p.67), de Claude (p.57, p.65, p.66, p.67, p.72, p.88) et de Yves (p.57). Un coup d'œil sur un vieil organigramme fait apparaître un comité de surveillance de 4 personnes dont Luc et l'ancien patron du cabinet de Quimper racheté en 2008. Soit, avec le Président (notre capitaliste), 5 personnes.

Ces cinq personnes ont donc chacun un salaire moyen de 20 000 € à 30 000 € mensuels. Si les sommes mentionnées intègrent les cotisations sociales nous obtenons un salaire brut moyen de l'ordre de 13 000 € à 20 000 € (peut-être plus si les associés n'ont pas le statut de salarié, car les cotisations sont moins importantes. D'autre part, nous ne comptons pas les primes, mois doubles, intéressements, dividendes, … éventuels ni les

---

capitaliste individuel. Elle ne lui permet pas de conserver son capital sans l'accroître, et il ne peut continuer de l'accroître à moins d'une accumulation progressive.
Sa volonté et sa conscience ne réfléchissant que les besoins du capital qu'il représente, dans sa consommation personnelle il ne saurait guère voir qu'une sorte de vol, d'emprunt au moins, fait à l'accumulation; et, en effet, la tenue des livres en parties doubles met les dépenses privées au passif, comme sommes dues par le capitaliste au capital.
Enfin, accumuler, c'est conquérir le monde de la richesse sociale, étendre sa domination personnelle, augmenter le nombre de ses sujets, c'est sacrifier à une ambition insatiable. » (Marx, Capital, L. I, Pléiade, T.1, p.1095-1096)

[59] Notons que notre manager capitaliste dispose d'un bon système d'information comptable. Il est au courant au mois le mois de l'état de ses comptes. Les spécialistes des dépôts de bilans indiquent que dans 2/3 des cas, les éléments comptables viennent à manquer, ne serait-ce que parce qu'ils ont du retard pour payer le comptable.

divers avantages : voitures de fonction, téléphones mobiles, frais de réception, ...).
Dans cette première approximation on obtient donc des salaires annuels bruts de l'ordre de 160 000 € à 240 000 €.
Une étude commandée par la CGPME sur les salaires des dirigeants donne les indications suivantes :

Entreprise de	Moins de 10 salariés	Moins de 20	10 à 250	250 +
Salaire annuel moyen en €	43 600	48 000	78 500	209 000

La CGPME avait commandé cette enquête pour battre en brèche l'image de patrons aux très hauts salaires à l'instar de ce que véhiculent les médias et dont le patron de Renault, Carlos Ghosn, le plus haut salaire français avec 9 millions d'euros annuels, est l'archétype.

Par rapport à la taille de la société Solic (90 personnes), les salaires non seulement du Président mais aussi des associés sont donc, si les estimations sont justes, au bas mot, deux à trois fois plus élevés que la moyenne. Le salaire annuel total de toute l'équipe est donc de 800 000 € à 1 200 000 €[60].. Nous obtenons un sursalaire extra de l'ordre de 400 000 € à 800 000 € annuels[61]

Le patrimoine

Caution personnelle

L'activité de notre homme l'a conduit à se porter caution solidaire pour les prêts sollicités par sa société (notamment pour acheter des locaux et peut-être racheter les concurrents). Comme les banques sont très prudentes, elles ont souvent gagé leur prêt sur un actif (par exemple un bâtiment si le prêt concerne l'achat d'un local commercial) et, ceinture et bretelle, exigent une caution sur les biens propres du manager capitaliste même et

---

[60] 1 800 000 € avec les cotisations sociales et encore plus si celles-ci ne sont pas incluses dans le raisonnement.
[61] Sachant qu'en tout état de cause, le salaire moyen – celui qui figure dans le tableau - n'est pas non plus obtenu sur la base du travail personnel mais qu'il est en relation avec le nombre de salariés. De ce point de vue, l'entretien de la classe capitaliste dans la petite entreprise fait peser une charge plus importante sur ses salariés. La charge absolue est d'autant plus importante que le nombre de salariés est réduit. Voilà qui suffit pour passer outre les assertions de la CGPME.

surtout si la société est une société de capitaux (c'est-à-dire une société dont les engagements sont limités à hauteur du capital social).

Dans le cas présent, notre jeune capitaliste est devenu caution à hauteur de 75% de son patrimoine personnel pour, dit-il, plusieurs centaines de milliers d'euros (p.103). En 2007, les emprunts auprès des établissements de crédit représentent 561 761 € et 811 548 € en 2008, l'année où débute la crise pour la société. Ces montants sont issus des bilans 2007 et 2008 de la société Solic, qui représente environ les 2/3 du chiffre d'affaires du groupe. En effet, à cette époque, il existe une société filiale, Solic Atlantique, dont le siège social est à Nantes (bureau à Quimper) issue du rachat de deux autres sociétés concurrentes et vraisemblablement aussi une société en Algérie (p.20, p.30, p.31, p.56) et sans doute une autre en Suisse (p.20, p.30, p.31).

A supposer que nous ayons fait le tour de toutes les dettes du groupe pour lesquelles il s'est porté caution, nous pouvons estimer son patrimoine personnel tel qu'il l'évalue à 800 000 /0,75 = soit plus de 1 million d'euros.

Valeur de l'entreprise

Le capital social de l'entreprise est en 2008 de 2 100 000 € dont 1 500 000 € apportés par Audacia. Au moment de cette augmentation de capital, le capital social a été porté de 460 000 € à 2 100 000 €. Les actionnaires historiques ont donc porté leur participation à 600 000 € soit une augmentation de 140 000 €.

En 2007, avant l'augmentation de capital, le résultat de l'entreprise était de 325 772 €. On se souviendra pour apprécier la suite que les économistes indignés et atterrés, tenants du socialisme petit-bourgeois, hurlent au sacrilège contre le méchant capitalisme financier supposé faire verser le capital industriel dans le fossé en exigeant un rendement des fonds propres de 15 à 25%[62]. Ici, le rendement des fonds propres[63] d'un gentil capitaliste assimilé industriel est de plus de 60%.

---

[62] Cf. Manifeste d'économistes atterrés. p.18. (15% par an est le taux que l'on voit le plus fréquemment dans la presse.)

[63] Sans compter que dans ces fonds propres nous trouvons une rubrique « Autres réserves » qui peut abriter l'achat d'œuvres d'artistes vivants. En effet, les entreprises peuvent amortir sur cinq ans, l'achat d'œuvres d'art à hauteur, au maximum, de 0,5% de leur chiffre d'affaires chaque année. Le chiffre d'affaires est supérieur à 6,5 millions ce qui laisse la possibilité d'acheter pour plus de 150 000 € d'œuvres d'art (le montant de la réserve correspondant à 20% de l'achat et à 0,5% du chiffre d'affaires, est de 32 533 €). La seule condition est que les salariés et le public puissent les voir. De mauvaises gens voient là une occasion de se

On ne sait pas quelle fraction du capital est détenue par notre capitaliste. L'entreprise est, semble-t-il, au minimum contrôlée par la famille. Le père, le fondateur, (p.28, p.107) les sœurs (p.83, p.107) et, sans doute pour une part sinon en totalité, son épouse[64] (p.59, p.80, p.82, p.105, p.107) y travaillent. Une telle entreprise, du temps de sa splendeur, pouvait être évaluée à au moins 6 millions d'euros, sur la base de ses profits capitalisés (nonobstant les sursalaires extra des associés qui pourraient être convertis en profits). Cette valeur potentielle, qui se traduit par un gonflement du capital fictif, un gonflement de la valeur de marché potentielle des titres de propriété de l'entreprise[65], va être anéantie avec la crise pour être ramenée à la valeur des actifs. Comme les fonds propres sont insuffisants[66] – et encore, par chance, un apport d'Audacia est venu largement les augmenter -, notamment parce que les associés ont vécu sur un trop grand pied, cet actif va lui-même devenir négatif sous l'effet de la violence de la crise.

Patrimoine et endettement individuels

Par ailleurs, il a acheté à crédit une « belle maison de caractère » (p.104) dans les Yvelines. Pour cela il a emprunté sur 20 ans une somme qui ne nous est pas communiquée mais qui se chiffre en millions d'euros (« un prêt à 6 zéros » p.104).

---

constituer un patrimoine artistique financé au 1/3 par l'Etat – diminution des résultats imposables – tout en bénéficiant de la puissance sociale permise par une société (Comme ces œuvres sont achetées par la société elle ne supportent pas les impôts qui échoient à un particulier. D'autre part les frais annexes liés à l'achat proprement dit peuvent être passés en charge. Pour faire simple, ce qui coûte 1 euro à une entreprise en coûte deux à un particulier.)

[64] Devant la menace de faillite, celle-ci, au demeurant admirable (elle lui assure que leur amour et leurs enfants comptent plus que son déclassement éventuel), se met à chercher un emploi, enceinte de 8 mois et exposée à une grossesse difficile. Notre capitaliste, expert en recrutement, nullement impressionné par sa démarche, découvre alors qu'il est difficile pour une femme enceinte de se faire embaucher. (p.105).

[65] La valeur de marché estimée des actions augmente. Comme les actions de cette société ne sont pas cotées en bourse, la question de leur liquidité, de leur vente est donc plus complexe mais elle est réalisable. La question du capital fictif ne concerne donc pas uniquement les sociétés cotées en bourse.

[66] Outre le capital social et les maigres réserves et report à nouveau, il déclare avoir avancé 250 000 € en compte courant (ce montant est-il rémunéré comme le laisse entendre l'expression « placés » ? ce serait une nouvelle source de revenus qui permet à l'actionnaire d'obtenir éventuellement un taux d'intérêt un peu plus attractif que sur le marché) (p.77).

Un coup d'œil sur la vue aérienne et sur le cadastre montre une vaste maison et des dépendances, une piscine et un court de tennis sur un terrain de 7 000 m² bordé d'arbres. Compte tenu du niveau des prix de l'immobilier dans sa commune, le prêt doit être de l'ordre de 2 millions d'euros.
Pour rembourser un tel prêt sur 20 ans, il faut payer des mensualités de l'ordre de 12 000 € par mois. Si ses créanciers exigent les mêmes garanties que pour le commun des mortels, à savoir un endettement qui n'aille pas au-delà de 1/3 des revenus, le couple doit avoir un revenu de l'ordre de 36 000 € mensuel soit plus de 430 000 € annuels.
Nous retrouvons le niveau de salaire évalué précédemment auquel on peut ajouter les primes, intéressement, rémunération des comptes courants, le salaire éventuel de son épouse, et les dividendes.
Dès lors que ses revenus baissent puis s'effondrent, sa faillite personnelle menace en même temps que la faillite de son entreprise. Les deux ne sont pas sans relation, car nous l'avons vu, l'enrichissement personnel, le besoin de paraître (p.106), d'afficher sa réussite (p.104) se font également au détriment des fonds propres et de l'accumulation (bien que le capital n'ait pas été insuffisant notamment à travers le crédit pour développer l'entreprise). Le dilemme à la Faust qui habite l'âme du capitaliste tourne, dans une certaine mesure, à l'avantage de la consommation de la plus-value avec le progrès de l'accumulation du capital.[67]

---

[67] « A l'origine de la production capitaliste - et cette phase historique se renouvelle dans la vie privée de tout industriel parvenu - l'avarice et l'envie de s'enrichir l'emportent exclusivement. Mais le progrès de la production ne crée pas seulement un nouveau monde de jouissances : il ouvre, avec la spéculation et le crédit, mille sources d'enrichissement soudain. A un certain degré de développement, il impose même au malheureux capitaliste une prodigalité toute de convention, à la fois étalage de richesse et moyen de crédit. Le luxe devient une nécessité de métier et entre dans les frais de représentation du capital. Ce n'est pas tout : le capitaliste ne s'enrichit pas, comme le paysan et l'artisan indépendants, proportionnellement à son travail et à sa frugalité personnels, mais en raison du travail gratuit d'autrui qu'il absorbe, et du renoncement à toutes les jouissances de la vie imposé à ses ouvriers. Bien que sa prodigalité ne revête donc jamais les franches allures de celle du seigneur féodal, bien qu'elle ait peine à dissimuler l'avarice la plus sordide et l'esprit de calcul le plus mesquin, elle grandit néanmoins à mesure qu'il accumule, sans que son accumulation soit nécessairement restreinte par sa dépense, ni celle-ci par celle-là. Toutefois il s'élève dès lors en lui un conflit à la Faust entre le penchant à l'accumulation et le penchant à la jouissance. » (Marx, Capital L.I, Pléiade, T.1, p.1098)

Le droit des faillites

Redressement judiciaire et liquidation judiciaire

Le dépôt de bilan est le nom profane de la cessation de paiement. Dès lors qu'une telle procédure[68] est engagée, elle donne lieu soit à une liquidation judiciaire soit à un redressement judiciaire (une variante peut se traduire par un plan de cession d'actifs).

La liquidation judiciaire est prononcée dans 90% des cas. Les actifs sont vendus et l'argent qui en est retiré sert à payer les créanciers suivant la nature de leurs créances. Si cette procédure intervient et que notre entrepreneur est caution de certains prêts qui ne peuvent être remboursés du fait de l'insuffisance d'actifs, son patrimoine personnel est menacé. Une liquidation judiciaire précipiterait sa ruine personnelle.

D'une part, il n'a plus de revenus et ne peut plus faire face à ses échéances, notamment pour rembourser le prêt de sa villa, d'autre part, la faillite de la société le rend caution pour une partie des dettes de l'entreprise. Si les banques n'étaient pas suffisamment remboursées lors de la vente des actifs de l'entreprise elles se retourneraient contre lui et son patrimoine personnel.

Par contre, si le redressement judiciaire est prononcé, les créances sont gelées et les créanciers disposant d'une caution ne peuvent la faire valoir. Le redressement judiciaire donne lieu de fait, s'il aboutit (98% des redressements judiciaires se terminent en liquidation), à un plan de remboursement des dettes reconnues sur 10 ans (au maximum). Ces dettes sont remboursées à leur valeur nominale. Par exemple, si l'entreprise en règlement judiciaire doit 50 000 € à une autre entreprise, le remboursement pourra être de 5% chaque année pendant 5 ans, puis de 15% chaque année pendant les 5 années restantes. Les entreprises créancières font de fait, sans aucune garantie de remboursement, un prêt à taux zéro sur 10 ans.[69]

---

[68] Il existe une procédure parallèle disponible depuis 2006 qui ne semble pas avoir été envisagée par l'avocat fiscaliste, le plan de sauvegarde, inspiré de la loi des faillites américaine.

[69] Son redressement judiciaire étant semble-t-il sur une bonne voie, il souhaite rembourser en 6 ans. (p.127)

Signification économique du redressement judiciaire

Bien entendu, les bonnes âmes peuvent se demander à quoi sert cette procédure au coût social exorbitant. Elle fait déjà vivre un administrateur judiciaire. Sur les 50 entreprises qu'il gère, une va survivre. Pour que, au final, la situation globale ne soit pas plus détériorée qu'avant, il faut que le coût de l'administration judiciaire soit supporté par l'entreprise restante et donc qu'elle dégage des profits pour un emploi improductif de plus. Il faut également rémunérer tout un aréopage de spécialistes du droit des faillites.
Le seul intérêt de l'opération est de sauver le « capital immatériel », comme disent les charlatans, c'est-à-dire la différence entre l'actif net (le capital qui serait retiré de la liquidation des actifs de l'entreprise une fois les dettes payées), le capital réel mis à disposition de l'entreprise par les actionnaires et la valeur de marché de l'entreprise, c'est-à-dire la valeur des actions, la valeur du capital fictif, et plus particulièrement ce qui constitue un des fondements matériel de l'élévation de la valeur du capital fictif au-delà de la valeur du capital réel présent dans l'entreprise.

Dans les entreprises en faillite, l'actif net est négatif et la dimension spéculative de la valeur de marché de l'entreprise est largement annihilée. Il reste donc uniquement son potentiel de clientèle, de relations, son organisation, son implantation, son système d'information, son savoir-faire, sa marque, etc. Tous ces éléments constituent une base matérielle objective pour favoriser le gonflement du capital fictif (la valeur de marché des actions, parts, etc.).
La croissance du capital fictif n'est donc pas uniquement le fait de la spéculation (celle-ci vient parachever cet édifice) mais elle trouve ses racines dans le mouvement même du capital actif, du capital qui cherche à faire du profit via l'emploi de salariés (c'est-à-dire aussi bien le capital producteur de plus-value que le capital improductif qui poursuit la recherche du profit qu'il s'agisse pour l'un ou l'autre d'industrie, au sens restreint, d'agriculture de service ou encore de commerce ou de finance) au sein de la forme entreprise.

Cela se traduit par une « agrarisation » du capital, pour faire allusion à la question de la propriété et de la rente foncières. Ces facteurs aggravent ensuite la contradiction entre le caractère social de la production et le caractère privé de la propriété, et le gonflement du capital fictif condamne les nouvelles générations[70] à racheter une entreprise pour un montant toujours plus alourdi par ce « capital immatériel »[71].

Comme dans la nature, le temps et l'espace ne sont pas symétriques. L'écologie scientifique montre qu'il ne suffit pas de recomposer un écosystème en le reproduisant à l'identique pour qu'il puisse vivre. L'ordre de l'implantation et sa durée ont une importance et on ne peut pas en faire l'économie. Dans le monde de l'entreprise il en va de même et la complexité est même encore plus grande car, à la différence du jeu aveugle de la nature, la conscience y joue un rôle. Les dissymétries qui naissent du fait du mouvement organique du capital sont transformées en surprofits, à l'instar de ce qui se produit dans l'agriculture avec la rente foncière et le monopole de la terre.

Aujourd'hui, on estime que la valeur de marché du capital fictif (la valeur de marché des parts et actions) de l'entreprise est triplé par rapport au capital réel tel que le mesure l'actif net pour autant qu'il n'ait pas fait l'objet de réévaluations comptables. Le véritable rendement des opérations de redressement judiciaire peut ainsi être porté à 6% à 7,5% si nous appliquons ce ratio moyen aux 2%-2,5% d'entreprises qui vont survivre et rembourser leurs dettes.

Par conséquent, le redressement judiciaire a trois vertus qui sont fondamentales pour notre capitaliste.

1°Il lui évite de précipiter sa ruine personnelle via le jeu des cautions,

---

[70] Le phénomène est bien connu dans l'agriculture où chaque génération doit racheter la terre dont la valeur de marché est pour une part (l'autre tient compte du capital incorporé dans ou présent sur le sol) fonction de la rente foncière capitalisée.

[71] Ce peut être l'occasion d'un enrichissement familial, donc de la propriété privée au détriment du caractère social du capital de l'entreprise. Henri Emmanuelli remarquait qu'en matière de transmission d'entreprises certains avaient trouvé depuis longtemps la solution du LBO. Dans certaines familles, disait-il, les entreprises ont été rachetées trois fois.

«Je suis en mesure de (…) citer au moins trois ou quatre cas dans mon département (Landes NDR) où la transmission s'est opérée par le biais d'un LBO familial : cela consiste à créer une holding, abondée à 20 % par le vendeur – en général le propriétaire – et à 80 % par un emprunt qui sera payé par l'entreprise, ce qui permet au vendeur d'endosser le montant de la valorisation de l'entreprise et à ses héritiers d'en rester propriétaires. » (Henri Emmanuelli, Séance en hémicycle du 7 juin 2011).

2°Il ouvre la voie à un sauvetage du « capital immatériel » (valeur du capital fictif hors spéculation – valeur du capital réel).
3° Last but not least, Il permet de limiter les effets éventuels de la lutte des salariés
Bien entendu, tout cela se fait au détriment des créanciers pour ce qui est du capital avancé et des salariés sur le plan social. Après avoir licencié une première fois puis placé ses salariés en chômage partiel, le dépôt de bilan va se traduire par le licenciement de plusieurs dizaines de personnes, dont au moins une de ses sœurs (p.83). A cette occasion, se manifestent des actes de solidarité entre salariés (p.83). Avec ce nouveau plan de licenciement, il ne peut échapper à la procédure qu'il a écartée lors du premier licenciement du fait de son importance et de sa lourdeur administrative. Mais nous n'en saurons pas beaucoup plus sur le licenciement et ses suites. Faute d'en savoir plus sur les salariés, nous allons voir comment se prépare le dépôt de bilan et ses conséquences sur les créanciers, dont les organismes qui gèrent le salaire social, ou encore le trésor public.

Dépôt de bilan et créanciers

En toute bonne conscience, il nous explique comment, sur les conseils de son avocat fiscaliste, il se prépare à prendre en otage ses fournisseurs, organismes sociaux, banques et autres créanciers. Il récupère ainsi l'équivalent de deux mois de trésorerie qu'il vire sur un autre compte qu'il a ouvert dans une banque spécialisée dans les comptes de sociétés en redressement judiciaire. Du point de vue économique, cela suppose de contraindre les créanciers, si l'opération de redressement réussit, à un prêt à taux zéro sur une durée maximum de 10 ans. Si elle échoue les prêteurs involontaires n'ont plus que leurs yeux pour pleurer, hormis ce qui pourra leur revenir lors de la vente de l'actif. Que, par la même occasion, ce prêt involontaire puisse déstabiliser les autres entreprises et les entraîner dans la spirale de la crise ne lui vient guère à l'esprit – Sauve qui peut ! - Voilà le dernier mot d'ordre de la bourgeoisie.[72]

Légalement les créanciers ne peuvent rien contre la société en redressement judiciaire. Notre manager capitaliste montre cependant, et

---

[72] Selon le Medef « (…) le financement bancaire est très important pour les PME, mais il ne faut pas perdre de vue que celles qui contribuent le plus au financement des PME, ce sont les autres entreprises. Au cours de l'année 2009, suite à de nombreuses défaillances de PME, d'autres entreprises, d'autres PME, ont ainsi perdu plus de 5,5 milliards d'euros. » (http://www.medef.com/medef-corporate/medefinfos/detail/browse/1/categorie/economie/back/133/article/5nouvelles mesures-pour-les-pme.html)

ce ne sont pas les plus en difficulté, que les fournisseurs piégés ne se privent pas de pressions (coupures du téléphone, de l'Internet, etc.).

Mais il y a aussi cette scène pathétique où un restaurateur de Nantes (une filiale du groupe y est implantée et sera liquidée) veut faire valoir à toute force une créance de 39 €. (p. 115). Notre petit caporal envisage qu'il soit aux abois. Peut-être ?

Quand les gens se mettent en colère, c'est parce qu'ils ont le sentiment que l'on se moque d'eux. De ce point de vue, peut-être aussi que le restaurateur sur-réagit devant le caractère dérisoire de la somme au regard du train de vie et des prétentions que la société affichait du temps de sa splendeur ?

A cette époque, elle n'hésitait pas à faire nombre d'actions de communication où elle se présentait comme une « entreprise citoyenne ». (c'était le cas quand la société se mobilisait pour des journées du type un coup de pouce à un premier emploi -http://www.jobintree.com/actualites-emploi/233-solic-participe-operation-coup-pouce-emploi.html) maintenant elle fait, tout à fait légalement, dans ce qui peut être perçu comme de la grivèlerie.

Il est possible aussi que le restaurateur n'ait pas pu faire valoir sa créance auprès du liquidateur s'il a laissé passer la date pour la déclarer.

Comme il s'agit d'une filiale, celle-ci n'est pas concernée par le placement en redressement judiciaire de la maison mère. La filiale issue du rachat de deux entreprises concurrentes est mise en liquidation judiciaire, ce qui veut dire que, très vraisemblablement, une bonne partie des créanciers ne reverront jamais leur créance. Ils ont été pris en otage sans même pouvoir espérer un remboursement nominal sur 10 ans.

Que fait notre énergique petit caporal devant ce restaurateur insistant ?
Il est au téléphone, loin du théâtre des opérations.
Demande-t-il qu'on lui prête deux billets de 20 € pour apurer cette dette dérisoire ?
Non, d'un mouvement de menton, il ordonne à l'énergumène de déguerpir et dans la foulée demande à une salariée licenciée avec 25 ans d'ancienneté d'aller porter plainte contre le restaurateur menaçant (p.115).

Le même s'indigne donc contre les violences, les pressions, les intimidations des fournisseurs qui cherchent par divers moyens à récupérer leur argent, tandis que les pratiques qu'il a employées pour constituer sa trésorerie et les nombreux licenciements que le dépôt de bilan occasionne ne lui paraissent en rien violentes.

Dans le dialogue avec les fournisseurs mécontents, il craint à chaque fois de se faire traiter d'escroc. Pourtant, il a bien pris consciemment en otage tous les créanciers (dont les organismes[73] qui gèrent les cotisations sociales – il prend donc en otage, d'une certaine manière, tout le prolétariat[74]) et peut-être une partie de ses salariés (rien n'est dit sur la manière dont ont été réglés les derniers salaires, les indemnités de licenciement. Quel a été le rôle du fonds de garantie des salaires ? Quels engagements a-t-il vis-à-vis de ce dernier ?[75]).

Il reste en effet persuadé, comme le lui a soufflé son avocat fiscaliste, qu'en forçant le prêt sans intérêt de ses créanciers, qu'il a accompli un « acte de gestion » (p.74, p.93, p.96). Il l'a tellement bien accompli que la banque spécialisée dans les comptes de société en redressement judiciaire ne peut que s'étonner (p.93) de l'ampleur de la somme versée (500 000 €).

---

[73] Ceux-ci ne sont pas les moins accommodants : « Même l'Unedic fait preuve d'une souplesse appréciable en acceptant le remboursement d'une dette de 250 000 € échelonnée sur trente mois (...)» (p.118)

[74] Il n'est donc pas étonnant que la question de la priorité des créanciers soit un enjeu de la lutte des classes. Pour le Medef il faut donc « **abroger le privilège de l'administration en cas de défaillance d'entreprise.** Il y a eu l'an passé environ 66.000 défaillances d'entreprises, essentiellement des PME. En cas de procédure collective, l'administration (Trésor, sécurité sociale) bénéficie d'un privilège qui lui permet d'être payée avant les créanciers privés. Le MEDEF demande l'abrogation de ce privilège car il n'est pas normal que les entreprises n'aient pas un traitement identique à celui des autres créanciers. » et d'autre part « Il semble donc important d'assouplir le paiement des cotisations sociales pour éviter des dépôts de bilan. Dès fin 2008 pour soutenir les PME, les organismes collecteurs des cotisations et contributions sociales ont accordé des prorogations de 12 à 18 mois aux entreprises de moins de 50 salariés qui n'étaient plus en mesure de payer leurs charges. Aujourd'hui le MEDEF demande que cette mesure soit étendue à toutes les entreprises de moins de 250 salariés. Il demande également un **moratoire d'un an pour les entreprises** bénéficiant déjà d'un plan d'apurement des dettes. » (http://www.medef.com/medef-corporate/medef-infos/detail/browse/1/ categorie/economie/back/133/article/5-nouvelles-mesures-pour-les-pme.html)

[75] Tous ces aspects notamment sont laissés dans l'obscurité au profit de l'épanchement de ses états d'âme face au désastre humain provoqué par les licenciements. Mais les hommes ne sont pas tant ce qu'ils pensent mais ce qu'ils font.

Le chat et la souris

Parmi les conseils de son avocat fiscaliste figure en bonne position l'idée qu'il doit continuer à payer les banques qui ont prêté de l'argent à l'entreprise et qui l'ont toujours accompagné pour financer sa croissance comme si de rien n'était (p.75). Pas question de manquer une échéance, elles réagiraient trop vite. Mais, d'un autre côté, Il n'a pas échappé au banquier que la situation de la société se détériorait. D'autre part, pour rendre le redressement judiciaire crédible, il doit disposer d'une trésorerie suffisante et vider son compte en banque pour le transférer dans une autre banque spécialisée dans les entreprises en redressement judiciaire. Ce transfert auquel la banque ne peut s'opposer si le compte est provisionné est aussi le signal d'un dépôt de bilan imminent. Notre capitaliste le prépare donc fébrilement. Il a acquis la conviction que la banque veut le lâcher. Selon son analyse elle ne veut pas d'un redressement judiciaire qui gèle ses dettes mais une liquidation judiciaire où elle pourrait faire valoir ses droits sur les actifs et si ce n'est pas suffisant appeler les cautions personnelles pour se rembourser. Dans ce qu'il considère comme une ultime tentative pour le piéger, la banque lui fait miroiter des crédits supplémentaires pour soulager sa trésorerie s'il s'engage à ne pas placer son entreprise en redressement judiciaire[76] (p.94). De mensonges en pratiques dilatoires, c'est lui qui sort vainqueur (victoire à la Pyrrhus) dans ce jeu du chat et de la souris (ce qui lui vaut de se faire traiter d'escroc par la banque quand elle apprend qu'il a demandé à être placé en redressement judiciaire (p.112)).

Napoléon, vengeur des peuples pressurés par la haute finance, a trompé le capitaliste financier qui voulait la peau de la petite entreprise. Applaudissez braves gens !

---

[76] C'est aussi ce que lui demande Oséo et, du coup, il renonce à demander un prêt à cet organisme qui gère des fonds publics

De la compétence professionnelle

Warren Buffett, la troisième fortune du monde, s'est rendu célèbre pour ses bonnes affaires et, par la même occasion, est devenu un oracle de la classe capitaliste dont il pense qu'elle a gagné les dernières batailles de la guerre de classe[77]. On peut lui donner quelque crédit sur ce sujet. Si dans son esprit «les bons jockeys obtiennent des résultats sur les bons chevaux, mais aucun sur les canassons», les défaillances de nombre d'entreprises pendant la crise ouverte à partir de 2007 dépassaient largement le cadre de la compétence ou non des dirigeants.

Le marxisme démontre que les crises sont inhérentes au mode de production et ne relèvent pas de l'incompétence ou des tendances psychologiques de la classe capitaliste. Il démontre la nécessité des crises du fait du mouvement organique du capital, ce qui ne veut pas dire que la classe capitaliste par son incompréhension de la réalité ne soit pas susceptible de les aggraver. Bordiga fait remarquer quelque part, que le développement du capital se traduit par un renouvellement permanent des capitalistes. Chaque année, une foule de gens convertit son revenu en capital et se lance dans la création d'entreprise tandis qu'une autre fraction périclite après avoir gaspillé les forces productives[78]. Parallèlement, la concentration et la centralisation du capital élimine les managers les moins adaptés aux nouvelles structures et organisations qu'exigent des entreprises toujours plus importantes. Un processus darwinien fait de concurrence, de rachats, de fusions, de crises, sélectionne la classe capitaliste la plus efficace par rapport aux besoins du capital, ce qui n'exclut en rien l'existence de managers qui promènent leur incompétence d'entreprises en entreprises du fait notamment de l'existence de castes que, tout particulièrement, la société française sait produire[79]. D'un autre

---

[77] « Il y a une guerre des classes, c'est un fait, mais c'est ma classe, la classe des riches qui mène cette guerre, et nous sommes en train de la gagner »

[78] Les cessations d'activité, pour départ en retraite (ou décès) ne représentent qu'un quart des cessations d'activité. Ici le capital est converti en revenu. La majeure partie cesse son activité sans faire faillite et se retire du marché en ayant perdu une partie du capital. La partie restante est convertie en revenu.

[79] Le « Canard enchaîné » a notamment ironisé sur la promotion (fictive) « Titanic » de l'ENA qui regroupait :Michel Albert, Jacques Attali, Jean-Michel Bloch-Lainé, Georges Bonin, Patrick Careil, Patrice Chevallier, Jean Dromer, Jacques Friedmann, Michel Gallot, Jean-Yves Haberer, Jean-Maxime Lévêque, Robert Lion, Pierre Moussa, Roger Prain, Jean-Claude Trichet, Bernard Attali, Michel Bon, Jean-François Cirelli, Louis Gallois, Alain Minc, Yves Roland-Billecart, François Roussely, Pierre Bilger, Pierre Blayau, Jean-Marie Messier,

côté, que ce soit par son impuissance face aux crises et aux contradictions de toutes sortes engendrées par la société bourgeoise ou par son incompétence la bourgeoisie démontre qu'elle n'est plus, depuis longtemps capable de diriger la société et qu'une nouvelle classe, le prolétariat, qui doit notamment en finir avec l'Etat, l'économie d'entreprise et le caractère mercantile des produits du travail doit lui succéder à la direction de la société. Cette domination du prolétariat sous la forme d'une dictature révolutionnaire n'étant elle-même que le prélude à l'abolition de la division de la société en classes sociales.

Dans les couloirs et les cafés alentour du Tribunal de commerce, notre capitaliste failli découvre d'autres visages d'entrepreneurs qui sont dans le même cas que lui (p.99, p.131) mais dont l'immense majorité sera placée en liquidation judiciaire. Il s'interroge sur leur échec. S'il estime avoir été suffisamment entouré pour bénéficier des compétences internes et externes suffisantes, il pense que les autres n'ont pas disposé d'autant de possibilités. Le besoin d'être poly-compétent (manager, commercial, financier, DRH, comptable, technicien, administratif, juriste, fiscaliste, ...) nécessaire quand la conjoncture est favorable devient crucial en temps de crise. C'est ce constat que font également les spécialistes des dépôts de bilan. Mais ces constats sont faits a posteriori ; ils ne peuvent expliquer ce qui relève d'un mouvement organique, d'autant plus important que la société est grande. Le capitaliste propriétaire d'une entreprise à la taille réduite sera d'autant plus facilement éliminé qu'il est incompétent, mais ce modèle n'est pas celui du capitalisme développé, où des managers dirigent de grandes entreprises qui elles aussi connaissent bien des vicissitudes. Les premières sont les plus nombreuses mais elles n'ont pas en leur sein la majeure partie du capital de la société[80]. De plus, la très grande majorité des très petites entreprises est à la limite du travail social, c'est-à-dire que leur capacité à faire reconnaître comme du travail social le travail qui est effectué est plus limitée du fait de leur plus faible productivité (cf. plus loin chapitre p.90) sans parler de ces entreprises qui ne sont que l'antichambre (ou le sas de sortie) du Pôle Emploi. Le statut « d'auto-entrepreneur », outre qu'il inaugure la perspective d'une société où le

---

Guillaume Hannezo, Guy de Panafieu, André Tarallo, Jean-Pierre Lieb, Bruno Parent, François Villeroy de Galhau, Valéry Giscard d'Estaing, Jacques Chirac, Martine Aubry, Renaud Dutreil, Laurent Fabius, Jacques-Henri David, Jack Lang, Dominique Strauss-Kahn. On doit pouvoir allonger la liste (par exemple avec Daniel Bouton ex. PDG de la Société Générale). Voir aussi, "L'oligarchie des incapables" de Sophie Coignard et Romain Gubert.

[80] En 2008, les capitaux propres des PME s'élevaient à environ 160 milliards d'euros contre 190 milliards d'euros pour les ETI (Entreprises de taille intermédiaire) et 1440 milliards dans les grandes entreprises.

salaire social aura été ratiboisé, qui permet au gouvernement français de louer l'esprit d'initiative et d'entreprise de ses compatriotes est à cet égard une parfaite escroquerie. On ne peut donc faire de leur fonctionnement le critère d'évaluation de la production capitaliste.

Cette sélection de la classe capitaliste est un phénomène permanent qui s'accentue avec les crises. Cette sélection ne se produit pas uniquement au travers du couple création/faillite des entreprises, la centralisation de la propriété qui intervient notamment avec les crises est également un puissant facteur, comme nous l'avons déjà dit.[81]

Examinons cependant les compétences de notre homme

Compétences en gestion

On devine que notre homme est bien élevé, parle peu l'argot et ne fréquente guère les romans policiers. Il n'a pas fait centrale (ni à Châtenay-Malabry, ni à Fleury-Mérogis) sinon il n'écrirait pas taule (p.77) comme celle qui est ondulée.

Il ne sait pas non plus que le droit du travail,[82] n'interdit pas la baisse des salaires (p.37). En revanche, il doit penser en savoir assez pour tenter

---

[81] « C'est en même temps une période pendant laquelle les financiers s'enrichissent au détriment des industriels. En ce qui concerne maintenant la baisse de capital purement fictif, bons du trésor, actions, etc. dans la mesure où elle ne conduit pas à la faillite de l'Etat ou de la société par actions, dans la mesure où la reproduction générale n'en est pas, en général, entravée parce que le crédit des capitalistes industriels qui détiennent ces titres seraient ébranlé – c'est un simple transfert de richesses d'une main dans une autre, et l'opération aura dans l'ensemble un effet favorable sur la reproduction, dans la mesure où les parvenus qui acquièrent à vil prix ces actions ou ces titres sont, en règle générale, plus entreprenants que les anciens propriétaires. » (Marx, Théories sur la plus-value; t.2, p.592)

[82] De fait plus facilement négocié par la grande entreprise, le code du travail est par ailleurs relativement complexe. Sous prétexte de simplification, il a été rendu encore plus complexe : « là où il avait 273 subdivisions, ils en ont fait 1850, là où il y avait 1150 lois, ils en ont fait 3850, ils ont supprimé un « livre » sur 9 dans le Code, déclassé 500 lois en décrets - c'est-à-dire qu'ils peuvent être modifiés par le gouvernement au lieu du parlement -, ils ont tout re-numéroté à quatre chiffres, faits s'écrouler des jurisprudences entières, enlevé l'apprentissage du contrat de travail, enlevé la durée du travail du chapitre conditions de travail, mis sur le même pied les obligations des employeurs et celles des travailleurs, diminué les droits pour les institutions représentatives du personnel, pour les syndicats, pour les prud'hommes, pour l'inspection du travail… » G. Filoche, intervention à

d'éviter de créer un comité d'entreprise. Alors qu'il dit assez souvent que le groupe emploie plus de 80 personnes (p.20, p. 32, p.36) à son apogée, on n'entend jamais parler du comité d'entreprise qui s'impose dès lors qu'une entreprise atteint 50 salariés. Il est possible que, compte tenu du jeu des filiales (dont certaines ne doivent pas relever du droit français) et du statut des associés, aucune entité juridique ne dépasse 50 salariés ; on peut dans ce cas le soupçonner de ne pas dépasser sciemment ce seuil.

Il confond trésorerie et fonds propres (p.46) puis, mais c'était peut-être façon de parler, dépôt de bilan et redressement judiciaire (p.103)

D'une part, il n'a pas anticipé les signaux qui annonçaient la crise et il n'a pris que de légères précautions (p.16) alors qu'il fallait envisager de réduire la voilure. Il s'imagine que la crise qui s'annonce n'est qu'une affaire de psychologie négative de dirigeants d'entreprises en proie à la panique[83]. Il n'a pas dans l'entreprise cette couche de salariés intérimaires ou liés à un contrat précaire et dont on peut se passer dès lors que l'activité cesse. Par ignorance du droit du travail qui, dans l'imaginaire des patrons, paraît toujours trop favorable aux salariés, il écarte la possibilité d'une baisse des

---

l'atelier sur « le code du travail en miettes » à l'université d'été du Parti socialiste à La Rochelle, samedi 30 août 2008).

Le code du travail est de fait ignoré et souvent hors de portée de la plupart des managers et n'est pas respecté par la quasi-totalité des entreprises. Par exemple, 2/3 des entreprises contrôlées par l'URSSAF font l'objet d'un redressement – il ne s'agit pas nécessairement de fraudes, car nombre de calculs de paye sont complexes -. Selon le rapport de l'inspection du travail, les observations les plus fréquentes, faites en 2009, concernent : l'évaluation des risques (R.4121-1), l'affichage des noms du médecin du travail, des secours d'urgence et de l'inspection du travail compétente (D.4711-1) et la tenue du registre unique du personnel (L.1221-13). Quant aux infractions à la législation du travail les plus souvent constatées, elles concernent : le travail illégal (L. 8221-1 et autres), les équipements de travail liés aux travaux temporaires en hauteur (R. 4323-58 et autres) et les obstacles à l'accomplissement des devoirs d'un agent de contrôle (L.8114-1). (http://www.travail-emploi-sante.gouv.fr/IMG/pdf/Rapport_au_BIT_intranetW_28022011.pdf).

La solution n'est pas dans l'éradication du code du travail comme le souhaitent ces mêmes managers capitalistes, mais dans la suppression des rapports de production capitalistes, la suppression des entreprises comme unités économiques de base autonomes de la production sociale. Il va de soi que le droit qui repose sur ces rapports de production et les légitime sera lui aussi bouleversé.

[83] En matière d'économie de la panique, il a un bon maître en la personne de Jacques Attali (cf. annexe 2 en fin de texte)

salaires (p.37)[84]. Il se rattrapera plus tard (suppression des rémunérations variables, des primes, des tickets restaurants, chômage partiel et par voie de conséquence intéressement - p.72)[85] tout en développant une forme de chantage à l'emploi (avancement des congés (p.72), pression sur les salariés (p.49), réquisition de salariés (p.53)). Il licencie trop tard et insuffisamment, pour des raisons sociales et juridiques[86] (p.39). Ses fonds propres sont faibles - encore a-t-il reçu un apport important d'Audacia – du fait d'une politique de dissipation des profits. La part des opérationnels, des salariés qui délivrent directement le service à un client dans l'ensemble du personnel est insuffisante (p.49, sous l'effet de la crise, il demande à ses associés de conduire eux-mêmes des missions). L'effort commercial s'était, avec le temps, inversé. On ne cherchait pas les clients, ils appelaient directement et même on se permettait de dire non au client

---

[84] Évidemment, rien n'est moins sûr que les salariés puissent l'entendre de cette oreille, même s'il s'agit de l'oreille directrice. Il existe une concurrence entre employeurs dont les salariés peuvent profiter en changeant de travail, d'autre part, ils n'ont guère de motivation pour subir la double peine (machine à rendre du profit, tendance à abaisser le prix de la force de travail au-dessous de sa valeur quand tout va bien, baisse brutale au-dessous de la valeur sans autre garantie qu'un espoir de retour à meilleure fortune quand tout va mal). Marx montrait que justement les prolétaires devraient obtenir dans les phases d'expansion de l'accumulation du capital, un salaire au-dessus de la valeur afin de compenser les pertes dans les périodes de crise. C'est, pour une part, ce qui est réalisé avec l'assurance chômage mais que le prolétariat ne contrôle plus puisque les bureaucraties syndicales corrompues l'y représentent.

Ce n'est que dans le cadre coopératif que de telles mesures pourraient trouver un écho favorable, nonobstant la mise en place de provisions spéciales pour amortir les fluctuations. Cela montrerait aussi comme le soulignait Marx que si les coopératives ouvrières peuvent être une première brèche, elles sont aussi vouées à reproduire, nécessairement et partout, tous les défauts du système. (cf. Marx, Capital L.III, Pléiade, T.2, p.1178).

D'autre part, disposer de capitaux immobilisés entre en contradiction avec le mouvement du capital et sa course à la plus-value. Par conséquent, si la résolution des contradictions pousse vers le mouvement coopératif, leur dépassement véritable ne peut se faire que sur la base de l'abolition du salariat et du caractère mercantile des produits du travail ce qui suppose également le dépassement de la forme entreprise fut elle coopérative.

[85] Le socialisme dans ses revendications immédiates a toujours lutté contre l'instauration de salaires dépendant du niveau d'activité de l'entreprise (éléments variables du salaire, primes) ou de salaires en nature (tickets restaurants) qui firent les beaux jours du truck system.

[86] A partir de 9 salariés licenciés il faut une procédure spéciale à laquelle il renonce du fait de sa complexité administrative et surtout il ne veut pas affronter les salariés en licenciant trop fortement. Ces atermoiements liés à l'état de la lutte des classes vont faire perdurer les pertes.

(p.49). La productivité n'était pas optimale (p.125, allusion aux pauses interminables). Le choix d'une croissance externe par absorption de sociétés concurrentes (p.29), n'a pas nécessairement été un choix judicieux car il introduisait une hétérogénéité longue à résorber. Cet épisode n'est pas du tout évoqué dans le livre mais la presse locale bruissait sur le sujet.[87]

Notre homme se défend d'être un escroc, mais, par la force des choses, il est conduit à mentir :

- mentir aux salariés sur la situation réelle sous couvert de communication, de mobilisation des salariés, de lutte contre la démoralisation et des risques liés à lutte entre les classes ;
- mentir à son banquier sur ses intentions (ce dernier d'ailleurs, on l'a vu, finit par le traiter d'escroc alors qu'il est lui-même prêt à ruiner l'entreprise) ;
- dissimuler aux organismes parapublics comme Oséo, susceptibles de l'aider mais qui finalement exigent les mêmes garanties que le banquier ;

---

[87] « L'ancien cabinet conseils en ressources humaines de Bruno Le Nestour a mis la clé sous la porte. Il y a un an, il avait été racheté par le groupe Solic.
Le tribunal de commerce de Nantes a procédé à la liquidation judiciaire de Solic Grand Ouest. Cette entreprise du groupe Solic (Paris, Lille, Lyon, Nantes, Besançon, Alger), spécialisée en ressources humaines et en recrutement, avait son siège social à Nantes, 2, rue Paul Painlevé. Elle disposait d'un établissement secondaire à Quimper, depuis le rachat, en 2008, du cabinet conseil Croissance à son fondateur Bruno Le Nestour (720.000 € de CA en 2007). Les huit salariés de la société (dont 5 exerçaient dans la préfecture du Finistère) ont été licenciés.
Un bras de fer
l y a tout juste un an, Bruno Le Nestour, 60 ans, annonçait la vente des parts de son entreprise au groupe Solic (90 personnes annoncées à l'époque). Il motivait son choix par la nécessité de renforcer le sourcing de candidatures en s'adossant à un groupe en réseau. «Trouver et faire venir des experts de telle ou telle discipline implique de maîtriser les outils de communication appropriée et un savoir-faire que nous souhaitons développer», déclarait-il au Journal des Entreprises. Bruno Le Nestour restait dans les murs de sa société pour accompagner le transfert de clientèle. Dans l'univers du recrutement quimpérois, on pense que la greffe n'a pas pris entre les deux parties. Leur culture d'entreprise et les méthodes de travail étaient fort éloignées. Le bras de fer s'est engagé. La conjoncture, aussi, a frappé Solic Grand Ouest et le groupe dans son ensemble. Il est en redressement judiciaire depuis juin 2009. Le groupe Solic n'a pas répondu à nos appels et Bruno Le Nestour n'a pas souhaité s'exprimer. » (Le journal des entreprises, Édition Finistère, 2 octobre 2009)

- mentir à ses fournisseurs, aux organismes sociaux et aux autres créanciers en préparation de son dépôt de bilan.

En ce sens, il met en pratique une des « qualités » que doit nécessairement développer le manager capitaliste : le mensonge. Celui-ci devient une seconde nature voire un jeu. Outre aux salariés et aux tiers débiteurs, la vie des affaires conduit aussi à mentir aux clients pour qu'ils soient rassurés sur les capacités à faire de l'entreprise et nous avons vu que le commercial était manifestement un des grands points forts de notre entrepreneur.

Les raisonnements puérils pleuvent (p.50). Si Madoff lui avait prêté 0,0003% du magot qu'il a escroqué à ses clients (50 milliards de dollars, un montant du même ordre de grandeur que le déficit annuel du budget de l'Etat français, pour en rester à la version superficielle dont parle la presse), il aurait sauvé ses emplois. Il se serait simplement encore plus endetté, sans pour autant dégager un liard de chiffre d'affaires et de profit en plus. Évidemment, ce genre de raisonnement est reproductible à l'infini. Par exemple, si les 50 milliards de dollars avaient fini comme les 23 milliards de dollars (1 siècle de développement Linux) consacrés par Bill Gates et sa femme, ce qui fait d'eux les plus grands philanthropes de l'histoire, à soulager les misères du monde. Le voilà donc qui prône involontairement, égoïstement et puérilement, une meilleure répartition des ressources, ce qui l'amène donc au seuil du socialisme bourgeois.

L'affaire Madoff en tant qu'elle illustre la crise menaçante lui donne aussi l'occasion, outre ses réflexions simplistes, de s'appesantir non pas sur les souffrances supplémentaires que vont endurer les millions de prolétaires licenciés dès lors que leur exploitation n'est plus profitable mais sur les risques d'accentuation de la déliquescence du monde des affaires. L'horizon étriqué non seulement de la société bourgeoise, mais de sa petite entreprise reste sa plus grande perspective.

Compétence métier

Si nous regardons, pour autant que nous puissions en juger, ses compétences métiers, on peut émettre quelques doutes sur ses capacités d'évaluation ainsi que sur l'attractivité de son offre et de son adéquation aux attentes de l'époque. Nous manquons d'éléments pour un jugement circonstancié. Posons-nous quand même quelques questions.

L'évaluation des marchés

Reprenons son évaluation du « marché du siècle ». Si nous y regardons de plus près, on peut se demander s'il ne s'agit pas, dans le cas particulier qui nous est raconté, d'un raisonnement à la trompe-couillon. En effet, ce calcul semble valable dès lors qu'il s'agit de postes de travail différents. Il est déjà rare de trouver une entreprise qui doit recruter 260 emplois mais c'est encore plus rare s'il s'agit de 260 postes différents. Si ces postes ne sont pas différents, il y aura nécessairement des économies d'échelle dans la recherche, les CV pour n postes identiques sont dépouillés une fois et les candidats sélectionnés seront un peu plus nombreux, etc. On peut donc douter de son calcul et considérer qu'il a reproduit sur une grande échelle dont il n'a pas l'habitude, un raisonnement valable sur des masses bien plus faibles. Ceci dit, il a gagné l'appel d'offres donc soit ses premières approximations ont été corrigées soit son calcul est exact[88] et il s'agit bien de postes différents ou sinon son calcul tient compte des postes multiples (dans ce dernier cas la situation sociale est encore plus dramatique que celle qui ressort des chiffres généraux que nous avons établi à partir des données fournies dans ses évaluations).

L'attractivité de l'offre

Notre capitaliste insiste sur la nécessité de disposer d'une banque de données des candidats et d'un site Internet afin de ne pas prendre de retard sur la concurrence (p.37, p.47, p.51, p.54). Il s'agit pour lui d'un projet stratégique.

Le cœur initial de l'activité de la société est le recrutement de spécialistes en informatique, d'ingénieurs et de cadres informaticiens (p.23, p.29). On peut mesurer la différence entre ce qui ressort de ces déclarations et la façon dont les grandes entreprises – qui sont a priori ses clients – envisagent le recrutement de tels cadres.

Prenons deux exemples récents :

1° La SSII Atos annonce « 1 500 recrutements sur l'ensemble de l'année 2011, donne rendez-vous à plusieurs centaines d'informaticiens du 4 au 13 octobre prochains sur une vingtaine de sites nationaux.
Atos réitère ses journées nationales de recrutement baptisées Talent Days, ce qui devrait l'aider à intégrer 600 ingénieurs d'ici la fin de l'année. Cette opération se déroulera entre le 4 et le 13 octobre prochains dans 17 grandes villes de l'Hexagone.
Conçues sur le modèle du « speed recruiting », ces journées permettront aux candidats, qu'ils soient étudiants, jeunes diplômés ou déjà expérimentés, de passer des brefs entretiens avec des recruteurs et des managers opérationnels d'Atos. Le groupe précise que les postulants

---

[88] Nous écartons l'hypothèse que tous (concurrents, clients) soient incompétents.

auront un retour sur leur candidature le jour même et pour ceux qui seraient retenus, une proposition d'embauche dans les 3 jours suivants.
La palette des postes à pourvoir est vaste. Il s'agit d'ingénieurs d'études et développement et d'experts techniques, d'ingénieurs développement, de consultants, de chefs de projet, de directeurs de projet et d'architectes techniques, des administrateurs de bases de données, des administrateurs d'outils d'intégration et de serveurs d'application, des ingénieurs systèmes et également des ingénieurs réseau et sécurité. » (Le monde informatique 26/09/2011)

2° La société DCNS, « l'un des spécialistes du naval de défense, souhaite renforcer les effectifs de sa DSI d'une centaine d'informaticiens. Les nombre exact de recrutements externes dépendra du nombre de mobilités internes.
Un site dédié pour les candidats est accessible sur www.dcns-si.com. Une rencontre virtuelle (chat vidéo) s'y tiendra le 27 septembre à partir de 8h afin de découvrir en direct les activités des systèmes d'information de DCNS et de répondre aux questions des candidats potentiels. Elle sera suivie de trois soirées de rencontre à Rennes, Nantes et Paris les 18, 19 et 20 octobre en présence de collaborateurs de la DSI de DCNS. » (Le monde informatique 07/09/2011)

Sans même prendre en considération de purs effets de mode comme ces entreprises qui se sont précipitées sur « second life » pour y faire du recrutement, il paraît très en retard sur l'état de l'art ou, du moins, l'état de l'art affiché, communiqué.

D'autre part, outre la banque de données, pourquoi n'utilise-t-il pas des méthodes d'extraction et de recherche basées sur des moteurs de recherche perfectionnés ?
Compte tenu de la relative structuration des curriculum vitae, de leur mise à disposition par les candidats sous une forme directement numérique, il est possible qu'un certain niveau de résultat (suffisamment satisfaisant) soit atteint comme on le voit pour les factures, par exemple.
Loin de nous cependant l'idée que la machine à réponse à tout. Nous sommes les premiers à railler l'illusion technologique, à critiquer l'idée que toute la logique passe sous les fourches caudines de la logique formelle, qu'il est possible de ramener la pensée au calcul.

Comme nous n'avons pas tous les éléments en main, qu'il a remporté son contrat et que c'est son métier, qu'il est ou a été leader sur son marché, que nous ne voulons pas qu'on nous adresse les mêmes reproches que l'on peut faire aux banques qui sont conduites à trancher sans rien connaître intimement, nous l'acquittons sans autre forme de procès

Comment la crise vient-elle aux entreprises ?

Nous avons vu que notre capitaliste commettait des erreurs de gestion. Nous pouvons faire abstraction de celles-ci, qu'il s'agisse de son manque d'anticipation de la crise ou du laxisme dans l'utilisation du capital si bien que celui-ci n'est pas utilisé de manière optimale[89]. Ces erreurs aggravent la crise mais elles ne la créent pas. Il nous faut aller au-delà de ces aspects même s'ils sont inhérents à la vie réelle des entreprises, lesquelles sont de plus des corps collectifs qui ne relèvent pas de la seule volonté de leur dirigeant. De l'argent est nécessairement perdu par négligence, gaspillage, impéritie, incompétence, du fait de la lutte entre les classes, etc. Mais le marxisme ne fait pas la critique du mode de production capitaliste uniquement ni prioritairement sur cette base et le communisme ne se pose pas comme un mode de gestion plus performant, mais comme le renversement total de ce mode de production fondé sur l'extraction de la plus-value. Le marxisme démontre que la crise est inhérente au mode de production capitaliste même si le manager est compétent, conforme à son concept.

Responsable mais pas coupable

Notre manager capitaliste, à sa petite échelle, a contribué

- grâce aux capitaux dont il dispose que ce soit ceux des actionnaires, du fonds d'investissement, des emprunts ou des crédits fournisseurs à une expansion qui pose le potentiel productif à un niveau plus élevé et en même temps donne les bases pour une surproduction de capital à l'échelle sociale et que la crise révèle à son échelle, c'est-à-dire à l'échelle locale ou individuelle.
- avec la crise, à une destruction des capitaux avancés qui fonctionnent à perte. Il contribue par la même occasion à ramener la valeur capital à un niveau où, sans se suicider, le capital pourra reprendre sa course à l'accumulation
- à développer le parasitisme social via des sociétés financières qui ne prennent pratiquement aucun risque et vivent de la manne fiscale

[89] Par exemple, on dispose de locaux d'appoint qui sont autant de facilités mais dont la rentabilité effective est sujette à caution. Il existe dans les entreprises une foule de dépenses à l'utilité limitée voire nulle que les crises conduisent à remettre en cause en priorité et qui sont autant d'arguments pour dépasser la division de la production sociale en cellules économiques autonomes.

- à l'endettement de l'Etat et aux profits des banques, assurances et autres créanciers.
- au développement du crédit et du surcrédit qui l'accompagne que ce soit par ses propres emprunts ou par l'endettement de l'Etat. Il favorise donc le gonflement du capital fictif en général tandis que le mouvement propre de l'accumulation favorise le gonflement du capital fictif (valeur de marché des actions) propre à son entreprise. Avec la crise, le capital fictif va se dégonfler brutalement tandis que celui qui correspond à son entreprise est laminé. Le redressement judiciaire s'efforce d'en préserver une partie.

A son échelle, il subit et aggrave la crise. Les 2/3 de ses collaborateurs sont licenciés, le capital destiné à payer les salaires est réduit d'autant, ce qui se traduira par une baisse de la demande et une diminution des cotisations sociales dont les organismes gestionnaires ont été également pris en otage. D'un autre côté, les employés licenciés qui en ont obtenu les droits recevront des indemnités chômage qui reposent sur le salaire social et seront enclin à accepter des salaires plus bas du fait d'une concurrence accrue entre salariés. Ses fournisseurs se retrouvent avec un prêt forcé qui peut menacer leur équilibre. Le banquier a un prêt qui ne lui est pas remboursé et qu'il ne peut récupérer. Même Audacia a un manque à gagner. Sa chute est donc également un agent de transmission de la crise à d'autres entreprises. Ainsi, plus le mode de production capitaliste est intégré, plus il s'est développé et a développé un tissu productif dense où tous les acteurs de l'économie sont liés entre eux, plus les crises deviennent générales et font sentir leurs effets rapidement sur l'ensemble de la société. Et, comme le marché mondial est toujours plus intégré, la diffusion des crises se réalise dans des délais toujours plus rapprochés dans les divers pays du monde.

La scission entre la vente et l'achat

Nous avons vu que notre capitaliste avait mis en place toutes les conditions propres à une surproduction de capital, qui se révèle au niveau du capital individuel avec la mévente.

Les clients achètent la marchandise (produit ou service) pour sa valeur d'usage. L'entreprise la produit ou la délivre et la vend pour sa valeur d'échange et tout particulièrement pour en obtenir une valeur supérieure au capital avancé, pour en obtenir un profit maximum.

Dans le monde des affaires, mais le premier commerçant le sait intimement, le dicton d'usage est : le client est roi, le client a raison, même si on cherche à toute force à le manipuler. C'est lui qui paye et qui justement permet au travail privé d'acquérir le statut définitif de travail social, de trouver une reconnaissance sociale. Le capital encore prisonnier de la forme marchandise ou dans le cas du service encore sous la forme des moyens de production et de la force de travail (nous avons vu qu'il n'y a pas de stocks dans ce type de production) ne se réalise, ne se libère de ses déterminations spécifiques qu'en devenant argent, qu'en acquérant la forme capital la plus universelle (nous faisons ici abstraction de la place de la monnaie nationale sur le marché mondial)

Les remarques de notre manager capitaliste à sa banquière qui lui fait un cours puéril de gestion (p.90) (des gens qui ne connaissent rien à un métier, qui n'ont jamais vu de près une entreprise se retrouvent en situation d'arbitrage vis-à-vis de son destin[90]) sont tout aussi puériles. A la fois client et fournisseur de son groupe bancaire, Napoléon en lutte contre le capital financier supposé être la source de tous les maux, il a l'impudence de leur rappeler non pas sa position de client mais celle de … fournisseur. Les difficultés de mon entreprise leur dit-il viennent notamment du fait que vous n'achetez pas mes services[91] !!

Mon beau produit ! Comment cela est-il possible ? Après ces salauds de pauvres américains incapables de rembourser leurs prêts bancaires et fauteurs de crise voilà que s'y mettent aussi ces salopards de clients qui ne veulent plus acheter mes prestations et me permettre de faire des profits, d'élargir ma clientèle pour vendre encore plus et faire rendre du profit à mes salariés qui seraient alors plus nombreux et me permettraient de faire encore plus de profit, etc. ![92]

---

[90] « Le système du crédit, qui a son centre dans les banques dites nationales et dans les grands établissements de prêts et d'usure qui gravitent autour d'elles, représente une centralisation énorme. Il crée une classe de parasites, qui sans rien connaître de la production et sans y prendre aucune part, dispose d'une puissance fabuleuse, qui lui permet non seulement de décimer périodiquement les capitalistes industriels, mais de s'immiscer de la manière la plus dangereuse dans la production elle-même. » (Marx, Capital L.III, Éditions sociales, T.VI, p.206)

[91] Une filiale de la banque a gelé des marchés de recrutement (p.91)

[92] On se prend à penser à cette blague. John dit à Joseph : « J'ai un lot de 1000 petites culottes, je te les vends pour 10 euros ». L'affaire est conclue. Joseph dit à Paul. « J'ai un lot de 1000 petites culottes, je te les vends pour 20 euros » L'affaire est conclue. Et ainsi de suite. René dit à André « J'ai un lot de 1000 petites culottes, je te les vends pour 1000 euros ». André dit « C'est intéressant mais c'est quand même une somme, montre-moi la marchandise ». Ils regardent la

Et voilà que les clients dont la seule préoccupation est le profit pour les marchandises qu'ils vendent se soucient de la valeur d'usage des produits qu'ils achètent ! Figurez-vous que craignant des difficultés majeures dont ils commencent à ressentir les prodromes, ils commencent à geler les recrutements ! Eux aussi ne veulent pas avoir sur les bras une force de travail inemployée, une force de travail dont l'emploi non seulement ne permet pas d'obtenir des profits additionnels mais devient une source de perte, du fait de la surproduction qui se manifeste à tous. Et voilà le client responsable de l'impéritie, de la mauvaise organisation, des mauvais produits, de la crise, du fait que le mode de production capitaliste n'est pas un manège de foire destiné à occuper des entrepreneurs pour qu'ils jouent à faire des profits !

Hélas, dans le mode de production capitaliste le capital-marchandise doit faire un saut périlleux pour se réaliser en capital-argent. Ce passage ne va pas de soi, il est même à la base des crises, car cette contradiction laisse grande ouverte la porte à une crise générale[93]. Adieu veau, vache, cochon, couvée, notre Perette se retrouve Grosjean comme devant

---

marchandise. « Mais tes petites culottes n'ont qu'une jambe !». « ça ne fait rien. Ce sont des petites culottes pour acheter pour vendre, pour acheter pour vendre, pas pour mettre »

[93] « La création de cette plus-value constitue le processus de production immédiat qui, comme nous l'avons dit, n'a d'autres limites que celles que nous venons d'indiquer. Dès que toute la quantité de surtravail que l'on peut extorquer est matérialisée en marchandises, la plus-value est produite. Mais cette production de plus-value n'achève que le premier acte du processus de production capitaliste, le processus immédiat. Le capital a absorbé une quantité déterminée de travail non payé. A mesure que le processus se développe, qui s'exprime dans la baisse du taux de profit, la masse de plus-value ainsi produite s'accroît immensément. Vient alors le second acte du processus. Il faut que toute la masse des marchandises, le produit total, aussi bien la partie qui représente le capital constant et le capital variable que celle qui représente la plus-value, se vende. Si la vente ne s'opère pas ou bien qu'elle ne s'opère que partiellement ou à des prix inférieurs aux prix de production, il y a bien eu exploitation de l'ouvrier, mais elle n'est pas réalisée comme telle pour le capitaliste ; elle peut même aller de pair avec l'impossibilité totale ou partielle de réaliser la plus-value extorquée, voire s'accompagner de la perte totale ou partielle du capital. Les conditions de l'exploitation directe et celles de sa réalisation ne sont pas les mêmes ; elles diffèrent non seulement de temps et de lieu, mais même de nature. Les unes n'ont d'autre limite que les forces productives de la société, les autres la proportionnalité des différentes branches de production et le pouvoir de consommation de la société. » (Marx, Capital, L.III, Pléiade, T.2, p.1026)

Capital individuel et capital total

Les lois du capital s'imposent via la concurrence au capitaliste individuel. La crise a éclaté dans la sphère financière, mais c'est l'ensemble du capital qui est en surproduction. La sphère financière a également contribué à cette crise en absorbant jusqu'à un certain point le surcrédit qui vient gonfler le capital fictif. La sphère financière a son autonomie si bien que certaines crises peuvent y rester confinées. Ce n'est pas le cas ici et nous avons vu que, à son échelle, notre capitaliste avait lui aussi posé les bases d'une suraccumulation, d'une surproduction générale de capital.

Au niveau du capital global, la plus-value est devenue insuffisante par rapport au capital avancé, une baisse brutale du taux de profit affecte le capital global et parcourt les capitaux individuels à travers la concurrence. La crise se manifeste, débute, d'abord dans la sphère financière, c'est-à-dire un endroit où le capital argent est mis à disposition de la classe capitaliste pour permettre l'accumulation et la réalisation de la plus-value et du produit social[94].
En même temps qu'il facilite la tension maximum des forces productives, le surcrédit, organiquement lié à la distribution du crédit engendre le gonflement du capital fictif que de son côté l'accumulation du capital réel favorise également.

La crise qui secoue l'entreprise n'est pas due à la baisse de son taux de profit. Bien au contraire, c'est la mévente qui conduit non seulement à la baisse du taux de profit mais à son effondrement.

A l'échelle du capital individuel, c'est la possibilité de la crise, la possibilité d'une scission entre la vente et l'achat qui induit sa nécessité. La mévente révèle la surproduction latente. A l'échelle du capital total, le phénomène est à l'inverse. Mais il n'apparaît qu'au niveau du capital individuel ; seule l'analyse scientifique permet de l'appréhender complètement. Pour le

---

[94]« Malgré son autonomie, le mouvement du capital marchand n'est jamais rien d'autre que le mouvement du capital industriel dans la sphère de la circulation. Mais cette autonomie rend ses mouvements, dans une certaine mesure, indépendants des limites posées par le processus de reproduction, et pousse celui-ci au-delà de ses propres limites. Par suite de sa dépendance interne et de son indépendance externe, le capital marchand en arrive à un point où la cohésion intérieure est rétablie de façon violente, par une crise. C'est ce qui explique que les crises n'éclatent pas d'abord dans le commerce de détail qui vise la consommation directe, mais dans les sphères du commerce en gros et des banques, qui mettent le capital argent de la société à la disposition du premier. » (Marx, Capital, L.III, Pléiade, T.2, p.1075)

capitaliste individuel en proie à la concurrence et au tarissement de la demande, le phénomène paraît extérieur.

C'est la faute des autres ! La voix de notre capitaliste prend les accents d'un gauchiste ou d'un altermondialiste, c'est la faute du capital financier déconnecté du monde réel; comme si le capital financier ne reposait pas sur la plus-value extraite par le capitaliste industriel avec son concours, comme si le mouvement propre du capital industriel ne conduisait pas à la surproduction.

Quelle est la différence entre un pauvre d'une ville de banlieue américaine qui, pour acheter sa maison emprunte 300 000 dollars à des banques (qui suivent les injonctions du gouvernement en matière de propriété du logement) sur la base de déclarations truquées par des courtiers dont les revenus sont en relation avec le montant des crédits alloués, pauvre qui ne peut plus s'acquitter de sa dette car les taux d'intérêt ont remonté et un jeune capitaliste qui emprunte en millions d'euros pour acheter sa maison dans la banlieue de la capitale française et qui ne peut pas rembourser son emprunt parce que son entreprise est au bord de la faillite ?.

Aucune, sauf que ce dernier a de vrais amis fortunés qui vont l'aider à passer ce cap très difficile (p.122)

C'est parce que le capital total ne produit plus suffisamment de plus-value, que la crise éclate et celle-ci prend corps du fait de la possibilité d'une scission entre la vente et l'achat. A un endroit, en général dans la sphère financière ou commerciale (commerce de gros) c'est-à-dire un endroit où on met le capital argent à la disposition de l'entreprise où justement se fait la réalisation de la marchandise en argent et la conversion du capital argent dans les éléments du capital productif, la crise apparaît, l'argent ne revient pas vers l'entreprise, la crise prend forme et s'amplifie en suivant une spirale descendante qui emporte tout.

Cette crise de surproduction, nous l'avons vu, notre entreprise a largement contribué, à son échelle, à la préparer. Elle en est, à son échelle, partie prenante. Le choc en retour qu'elle reçoit n'est pas en relation avec sa contribution à la crise. C'est son positionnement sur le marché qui dicte dans quelle mesure elle sera touchée par la crise et ce sont les mesures qu'elle a prises pour faire face à une telle éventualité qui déterminent sa capacité de résistance.

En tout état de cause, quelle que soit sa forme, donc y compris s'il s'agissait d'une entreprise coopérative, elle doit s'adapter aux vicissitudes de la production capitaliste. Ce qui se présente d'une certaine manière au niveau du capital total où la crise est un phénomène organique, intrinsèque et interne au mouvement du capital[95] et n'est accessible que par la science, se présente inversée aux yeux du capitaliste individuel. Elle lui apparaît alors comme un phénomène extérieur, comme une catastrophe naturelle dont il ne porte aucune responsabilité[96], et lui font rechercher des boucs émissaires.

Destruction de capital par décapitalisation

Ces pertes se traduisent par une décapitalisation, une désaccumulation. Nous avons employé le terme de décapitalisation, désaccumulation pour le distinguer de la dévalorisation, dépréciation. Les deux aboutissent à la destruction de capital[97].

---

[95] Il y a également à prendre en compte ici, la relative autonomie de la sphère financière qui fait que les crises peuvent y rester confinées et donc rester partielles. Nous visons ici le cas de la crise générale de surproduction dont les racines se trouvent au sein de la production capitaliste elle-même et où toutes les sphères du capital sont impliquées et le capital industriel tout particulièrement.

[96] Nous écartons ici le cas d'une mauvaise affaire dont les prix de vente et les coûts ont été mal calculés et qui induit des pertes menaçant l'existence de l'entreprise, où encore un produit mal adapté au marché qui se traduit par une mévente - automobile par exemple - alors que les investissements en capital fixe notamment ont été très importants.

[97] « Quand on parle de *destruction de capital* par les crises, il faut distinguer deux choses :
Dans la mesure où le procès de reproduction s'arrête, le procès de travail se ralentit ou est, par endroits, complètement paralysé, c'est du capital *réel* qui est détruit. Le travail qui n'est pas exploité est pour autant dire de la production perdue. Des matières premières qui restent inemployées ne sont pas du capital. Des bâtiments qu'on n'occupe pas (tout comme des machines nouvellement construites) ou qui restent inachevés, des marchandises qui pourrissent dans les entrepôts, tout cela c'est de la destruction de capital. Mais tous ces phénomènes se limitent à l'arrêt du procès de reproduction et au fait que les conditions de production *existantes* n'exercent pas véritablement leur fonction de conditions de production, ne sont pas mises en œuvre. Dans ce cas, leur valeur d'usage et leur valeur d'échange s'en vont au diable.
Secundo, la destruction de capital par les crises signifie encore la dépréciation de masses de valeur qui les empêche de renouveler ultérieurement leur procès de reproduction, comme capital à la même échelle. C'est la baisse ruineuse des prix des marchandises. Ce qui est ainsi détruit, ce ne sont pas les valeurs d'usage. Ce que l'un perd, l'autre le gagne. Des masses de marchandises faisant fonction de capital ne peuvent se renouveler comme *capital* ente les mêmes mains. Les anciens capitalistes font faillite. (...). Une grande partie du capital nominal de la société, c'est-à-dire la *valeur d'échange* du capital existant, est détruite une fois pour toutes,

Par dévalorisation, dans le contexte d'une crise, il faut comprendre baisse ruineuse et générale des prix, une dépréciation générale, une baisse des prix en dessous de leur valeur afin de ramener par la violence, le capital à un niveau antérieur afin qu'il puisse reprendre sa course à la valorisation, à la recherche du maximum de plus-value.

Ici, le capital perd de sa valeur non pas du fait d'une dépréciation générale mais parce que le capital avancé ne fonctionne plus comme capital. Le procès de production s'arrête. Les moyens de production demeurent inemployés et la force de travail est inoccupée. Mais tant que le capitaliste n'a pas ramené le niveau des forces productives à celui correspondant à l'état de la demande, il doit avancer un capital qui ne rapporte plus rien et que, par la même occasion, il perd.

La concurrence décide de qui va assumer cette perte et de combien il va perdre. Pour le moment, notre capitaliste continue à avancer le capital correspondant au salaire de ces employés qui continuent d'être payés. En consommant, ils feront refluer cet argent vers la classe des capitalistes. Mais en tant que capitaliste individuel, notre manager a perdu ce capital. Les moyens de production inutilisés restent en jachère. Les entreprises clientes se sont débarrassées de la force de travail devenue inutile mais il leur reste en théorie les moyens de production correspondant à cette force de travail. Dans ce cas, ils ne sont pas dans la petite entreprise mais dans la grande. Il est fréquent que ce type d'entreprise loue également les moyens de production (ordinateurs, imprimantes, etc., par exemple, pour ne parler que des activités de service). Dans ce cas, la question des moyens de production est reportée sur une autre entreprise. En admettant que le sujet ne concerne que notre petite entreprise, tant que les moyens de production en surnombre ne sont pas vendus, elle en subit les contrecoups économiques non pas directement car il n'y a pas d'argent à sortir mais indirectement, lors du calcul des amortissements. La valeur capital inutilisée est perdue et donc le capital diminue du fait de son inaction. Il se désaccumule, se décapitalise, pour employer des néologismes. D'autre part, certains aspects du capital fixe ne s'adaptent pas aussi facilement. Si les locaux deviennent trop grands, il n'est pas facile de louer la partie qui se libère. Comme la surproduction est générale, la question revient à comment transférer la perte à d'autres ? Nous avons

---

bien que cette destruction, précisément, parce qu'elle n'affecte pas la valeur d'usage, puisse grandement stimuler la nouvelle reproduction. » (Marx, Théories sur la plus-value, Éditions sociales, T.2, p.591-592) vu que la grande entreprise avait pris, en partie, des précautions. La petite essuie plus violemment la crise.

Notre capitaliste serait-il parvenu à réduire le volume de son activité, quelles auraient été les conséquences ? En tout état de cause, une partie des coûts fixes demeurent et représentent vraisemblablement une part des coûts de production relativement plus importante qu'auparavant. Leur ajustement est plus long. La valeur de ces moyens de production est perdue. S'ils s'abîment définitivement du fait de leur inaction, c'est la totalité de leur valeur qui sera perdue. La valeur d'échange et la valeur d'usage est perdue. S'il les vend d'occasion dans de mauvaises conditions, nous entrons dans le volet dévalorisation de la crise. S'il les vend sans perte, c'est l'accumulation qui sera ralentie et la crise est transférée, pour une part aux producteurs de moyens de production qui, en tout état de cause, seront affectés par le ralentissement sinon l'arrêt de l'accumulation. S'agissant d'une activité de service, il n'y a pas eu de production de marchandises, mais absence d'activité. Si cela avait été le cas, il aurait fallu écouler les stocks avec le risque d'une dégradation de ceux-ci.

En licenciant, il n'a plus à avancer le capital équivalent des salaires. Une partie du capital reste en jachère alors sous forme argent[98], et donc ne rapportera qu'un intérêt, tandis que les frais liés aux emprunts demeurent. Une politique de désendettement est possible si les pénalités de remboursement anticipé ne sont pas trop lourdes. Donc, du capital va cesser de fonctionner comme capital soit parce qu'il va être détruit du fait du remboursement du prêt (dans ce cas c'est la banque qui a une baisse de revenu), soit parce qu'un excédent de capital apparaît si l'entreprise épargne de fait. Cet argent pourra éventuellement être mis à disposition d'autres capitalistes par les banques mais en période de crise, alors que tout le monde cherche à emprunter, les banques sont particulièrement prudentes et restrictives en matière de crédit puisque c'est la crise du surcrédit qui révèle la surproduction à laquelle il a contribué.

Pour conclure nous pouvons distinguer deux aspects dans la décapitalisation désaccumulation :
1° La valeur d'échange est intégralement[99] perdue mais la valeur d'usage est conservée. Le capital est en jachère.
2° La valeur d'échange se volatilise avec la valeur d'usage.

---

[98] Ce sont les entreprises qui produisent les moyens de consommation individuels qui auront à gérer la baisse de la demande
[99] En relation avec sa durée de vie pour le capital fixe.

Destruction de capital par dévalorisation dépréciation

Assiste-on pour autant à des phénomènes de dévalorisation, de dépréciation générale ?
Du fait de la concurrence exacerbée que se font les capitaux en quête de profit alors qu'au niveau du capital total il s'est raréfié, les prix fléchissent-ils ?

Ce n'est pas la concurrence qui conduit à la baisse du taux de profit mais c'est la baisse du taux de profit qui encourage la concurrence.

S'agissant de services, nous l'avons vu, il n'y a pas de stocks, une dévalorisation qui porterait sur ce type de capital afin de les écouler n'a donc pas lieu. Mais, nous l'avons également déjà signalé, le phénomène pourrait exister si l'entreprise vendait une partie de ses moyens de production. En ne le faisant pas, mais les montants en jeu sont sans doute faibles, le capital en jachère est perdu.

Revenons cependant sur notre contrat du siècle. Peut-être y a-t-il là quelque chose qui peut ressembler à de la dévalorisation ?

Nous manquons d'éléments pour en juger correctement. A supposer que les éléments disponibles soient fiables, que pouvons-nous en dire ?

Nous ne connaissons pas le prix final de l'offre mais son budget était de 890 000 € (p.63). Au final, ce contrat mobilise non pas 12 mais 10 personnes à temps plein (p.123). S'il s'agit de 10 hommes x années (ce n'est pas précisé) nous obtenons un chiffre d'affaires de 89 000 € par salarié. Or, la société jusqu'à présent, réalisait plus de 100 000 € par salarié et sans doute environ 120 000 € par salarié opérationnel. Si les hypothèses sont exactes, pour obtenir ce contrat sans pour autant vendre à perte – ce qui est un cas possible de dévalorisation -, il aura baissé de près de 25% son prix de vente[100].

On assisterait aussi sans doute à des phénomènes de dévalorisation dépréciation si l'entreprise faisait l'objet d'une liquidation judiciaire. Dans ce cas, les actifs restants auraient été vendus à l'encan et

[100] Comme il s'agit d'un contrat important, il fait aussi des économies sur les coûts commerciaux, la baisse des prix en est facilitée. Et, pour que cette dévalorisation devienne générale, il faudrait que l'entreprise cliente la répercute sur ses prix.

vraisemblablement pour un prix inférieur à leur valeur. Les dépouilles d'entreprises faillies sont une juteuse activité, avec un parfum tenace de scandale[101] où s'enrichissent tout particulièrement les prédateurs spécialisés.

Requiem pour le mode de production capitaliste et son économie d'entreprise

Ce qui caractérise dès l'origine de la production capitaliste, c'est la concentration dans un même espace d'une masse importante d'ouvriers. Cette configuration sociale permet la production d'une valeur sociale moyenne par une force de travail moyenne. Les différences présentes à l'échelle du travailleur individuel se compensent. D'autre part, des économies dans l'emploi des moyens de production peuvent être réalisées si bien que même si le procès de travail est identique, une plus grande productivité peut être atteinte.

Dans le chapitre sur la coopération, Marx cite Edmund Burke, ce philosophe et publiciste adversaire de la révolution française, pour son expérience de … fermier. Pour le reste il le qualifie de célèbre sophiste et sycophante.

« Sans contredit, il y a beaucoup de différences entre la valeur du travail d'un homme et celle d'un autre, sous le rapport de la force, de la dextérité et de l'application consciencieuse. Mais je suis parfaitement convaincu, et d'après des expériences rigoureuses, que n'importe quels cinq hommes, étant donné les périodes de vie que j'ai fixées, fourniront la même quantité

---

101 Par exemple : « Tempête chez les administrateurs et mandataires judiciaires ! Quatorze d'entre eux sont actuellement mis en examen et devraient être appelés à la barre du tribunal correctionnel de Paris dans les prochains mois. L'affaire éclabousse un dixième des professionnels d'Ile-de-France, dont certaines des plus importantes études de l'Hexagone. Un nouveau scandale pour cette corporation, sept ans après les révélations fracassantes du rapport parlementaire d'Arnaud Montebourg sur les tribunaux de commerce. Les termes de l'accusation sont accablants : « corruption active et passive ». On leur reproche d'avoir bénéficié de prêts personnels quasi gratuits auprès de la SDBO, l'ancienne filiale du Crédit lyonnais impliquée dans les nombreuses dérives de la banque. En échange, ils lui confiaient les fonds colossaux issus de la vente des entreprises en difficulté dont ils avaient la charge, des sommes bloquées parfois plusieurs années en attendant que tous les litiges soient réglés. Bref, un deal gagnant, gagnant, sauf pour... les sociétés et leurs créanciers, qui ne touchaient quasiment pas d'intérêts sur cet argent dormant. Un comble au regard de la mission de ces professionnels libéraux, nommés justement par les tribunaux de commerce pour aider les entreprises en difficulté. Elles étaient 48 000 en 2004. » (L'expansion, 1/10/2005)

de travail que n'importe quels autres cinq hommes; c'est-à-dire que parmi ces cinq hommes, un possédera toutes les qualités d'un bon ouvrier, un autre d'un mauvais, et les trois autres ne seront ni bons ni mauvais, mais entre les deux. Ainsi donc dans un si petit peloton que cinq hommes, vous trouverez tout ce que peuvent gagner cinq hommes. » E. Burke, l.c., p.16.

Dans ce passage, Marx fait également référence à Quételet et à l'homme moyen. Bien entendu, il ne s'agit pas de prendre le constat de Burke pour argent comptant ; il ne fait qu'illustrer le fait qu'il existe un seuil pour qu'une entreprise puisse produire dans des conditions sociales moyennes, pour que le travail qui y est effectué puisse être considéré totalement comme du travail social. En deçà de ce seuil, une partie du temps de travail sera perdue sur le plan de création de valeur. Ce seuil est variable suivant les branches de production, les époques et les pays. Mais Marx considère, dans le livre III du « Capital », que les conditions de production minimales pour que le travail soit conforme à la moyenne sociale s'élèvent avec le progrès de la production capitaliste[102].

On doit en déduire que nombre d'entreprises, leur écrasante majorité si nous considérons les entreprises de moins de 5 salariés, ont le plus grand mal à mettre en œuvre une productivité conforme à la moyenne sociale requise pour que leur temps de travail puisse prétendre à représenter le temps de travail social moyen. Dans le constat général mettant en évidence la relation entre la taille et la valeur ajoutée par salarié, il ne devrait pas s'agir uniquement de transfert de plus-value entre les entreprises. Pour une grande partie des entreprises de petite taille, il y a aussi leur incapacité à atteindre la norme sociale d'une époque.

Si l'argument est valable on devrait voir la courbe mettant en relation taille et valeur ajoutée s'infléchir plus fortement dans les parties inférieures. C'est pour une part le cas, avec le passage des ETI aux PME mais, en

---

[102] « Avec la baisse du taux de profit s'accroît le minimum de capital requis au main du capitaliste individuel pour l'emploi productif du travail ; requis aussi bien pour son exploitation en général qu'afin que le temps employé soit le temps nécessaire à la production des marchandises, qu'il ne dépasse pas la moyenne du temps de travail socialement nécessaire à cette production. En même temps s'accroît la concentration, parce qu'au-delà de certaines limites, un gros capital avec un faible taux de profit accumule plus rapidement qu'un petit capital avec un fort taux de profit. Parvenue à une certain niveau, cette concentration croissante provoque de son côté une nouvelle baisse du taux de profit. La masse des petits capitaux disséminés est ainsi entraînée dans la voie aventureuse de la spéculation, des actions et du crédit frauduleux, des crises. » (Marx, Capital, L.III, Pléiade, T.2, p.1032-1033)

première analyse, c'est le contraire qui advient, pour le passage des PME aux TPE sur la base grossière des statistiques générales[103]. Une analyse plus détaillée qui est hors de notre propos est donc nécessaire.

Il n'en demeure pas moins que l'organisation des forces productives en unités économiques autonomes dirigées par la classe capitaliste conduit à une énorme déperdition d'énergie sociale[104]. Dans son propre

---

[103] Si nous rapportons, à partir du tableau fourni p.6, la valeur ajoutée exprimée en pourcentage du total de valeur ajoutée au nombre de salariés exprimé en pourcentage du total des salariés selon la taille des entreprises, nous obtenons les résultats suivants :

Grande entreprise	ETI	PME	TPE
30%	20%	29%	21%
34%	22%	25%	19%
113	110	86	90

La dernière ligne du tableau se traduit par la courbe suivante :

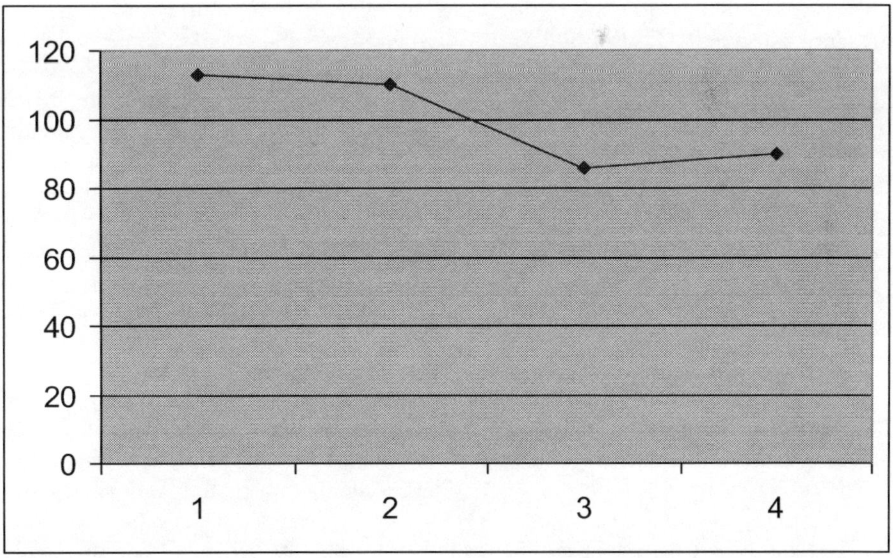

[104] Si l'on voulait tenter une analogie avec la conduite automobile, on dirait que de plus en plus de véhicules (créations d'entreprises) sont conduites par des chauffeurs insuffisamment formés, ignorant la mécanique et les évolutions du code de la route. Le marxisme démontre que même si les chauffeurs (les capitalistes) respectent le code de la route (les lois sociales, fiscales, etc.) et sont

expérimentés (compétents, conformes au concept), que la police de la route surveille au mieux le trafic (l'Etat joue son rôle régulateur), que les véhicules sont bien entretenus, que les infrastructures routières sont correctement dimensionnées et bien pensées, des embouteillages (crise de surproduction) et des accidents (dévalorisation) sont inévitables. Bien entendu, l'existence de chauffards, des excès de vitesse, des véhicules mal entretenus, aggravent la situation mais ils ne la créent pas. D'autre part, les passagers (salariés) qui, dans notre analogie, doivent payer l'ensemble des coûts et le salaire du chauffeur pour être transportés, protestent contre la mauvaise conduite, le confort des sièges et de la route, le coût qui leur est imposé et les risques d'accident. Ces réclamations accaparent l'attention du chauffeur qui doit réprimer les manifestations et sont aussi un facteur de difficultés, de moindre performance et d'accidents (lutte des classes). Les limitations de vitesse montrent d'ailleurs que le transport automobile est contraint à aller moins vite sous le propre poids de son développement et de ses contradictions et de ce point de vue, il devient dépassé car le temps pour franchir les distances s'allonge (baisse tendancielle du taux de profit) tandis que le potentiel de vitesse des véhicules croît (développement de la force productive du travail). Sans compter que conçues pour être utilisées pendant 3 000 heures, elles encombrent les rues et les parcs à voiture pendant 90 000 heures. En même temps, la multiplication des automobiles associée à la vitesse réduite si elle limite la gravité des accidents favorise la congestion du trafic (crises de surproduction) tandis que la libération du trafic conduit au même résultat tout en provoquant de graves accidents. Pour rationaliser les transports, il se met en place des véhicules plus importants, des cars (grandes entreprises) mieux entretenus, mieux surveillés, conduits par des chauffeurs professionnels. Le coût par passager diminue et la sécurité s'accroît mais ceux-ci ont tendance à ralentir le trafic et gêner les autres voitures (monopoles) et quand des accidents surviennent leur gravité est d'autant plus importante. D'autre part, de nouvelles infrastructures très coûteuses, des autoroutes, sont mises en place pour augmenter la vitesse moyenne du trafic tout en limitant la vitesse maximum tandis que d'autres (ronds-points, ralentisseurs) sont mis en place pour ralentir la vitesse de pointe. Mais quand on rapporte le temps passé socialement à construire des véhicules toujours plus sophistiqués, les entretenir, les réparer, les assurer, à produire le carburant qu'ils consomment, à construire et entretenir les routes et les autoroutes, les ouvrages d'art, les panneaux de signalisation, à former les chauffeurs et à surveiller le trafic par des policiers et autres agents de la circulation, le temps passé à soigner les blessés, les effets de la pollution et qu'on l'ajoute ce temps au temps passé à la conduite, la vitesse sociale moyenne chute considérablement, montrant à nouveau à quel point l'organisation de ce mode de transport est dépassée. Le socialisme prenant acte du mouvement propre de la production capitaliste chercherait à rassembler les cars dans un même train (regroupement dans des branches d'industrie) et les guider (plan) selon la destination à atteindre permettant ainsi une utilisation bien plus rationnelle des forces productives, la libération du temps pour les passagers qui n'ont plus à conduire dès qu'ils deviennent chauffeur ni à se préoccuper de la conduite du chauffeur, une vitesse de transport et une sécurité accrues.

mouvement, le capital tend à se concentrer et à se centraliser, induisant la création de grandes entreprises et de groupes qui se battent sur le marché mondial et qui dépassent certains défauts de la petite entreprise tout en développant des tendances parasitaires.

Le socialisme ne consiste pas à autogérer en les laissant subsister ces multitudes mais à pousser à son comble les tendances propres de la production capitaliste dont le mouvement favorise la concentration et la centralisation du capital et annihile la concurrence en développant des monopoles. Il s'agit alors de créer de vastes branches d'industrie soumises à une planification mondiale afin d'extirper les racines du mercantilisme ; les locaux et les espaces les plus aptes à la production sociale étant conservés et améliorés non pour être des entités économiques autonomes mais des lieux de production[105]. Il ne s'agit donc pas de socialiser un capitalisme dépourvu des critères de la productivité sociale mais au contraire de généraliser les organisations les plus productives en les débarrassant de leurs caractères mercantiles, bureaucratiques et parasitaires. Laisser exister de telles entités qui ne peuvent fonctionner que sur la base du marché, conduit à laisser intacte les bases d'un mercantilisme qui ne tarderait pas à reprendre le dessus. On comprend que dans ce contexte, la petite entreprise soit la bête noire du socialisme. Il n'est pas facile d'en tirer quelque chose sur le plan social et il serait catastrophique, au moins politiquement, de chercher à l'écraser comme un

---

Il est d'ailleurs intéressant de noter que dans l'idéologie dominante aux Etats-Unis, le train soit assimilé au socialisme. De même, le train est souvent vu, En Europe, comme social.
On ne doit pas voir dans l'analogie ci-dessus, une condamnation a priori du transport mécanique individuel. La marche n'a cessé qu'en 1950 d'être le principal moyen de transport de l'humanité (elle représente aujourd'hui un bon tiers des déplacements en Ile-de-France). La voiture à cheval ou la diligence provoquaient bien des accidents et des morts sans parler de la pollution. Vers 1925, il y avait autour de 900 morts par an aussi bien dans les accidents ferroviaires, les accidents automobiles ou les accidents hippomobiles. Les questions propres à l'organisation des transports n'ont pas le train comme unique réponse. Même dans un environnement aussi dense que la région parisienne, les transports collectifs ne couvrent que 30% des déplacements. Le socialisme devra donc articuler le mieux possible les dimensions individuelles et sociales du transport de même qu'il doit combiner libération de l'espèce et liberté et créativité individuelles.

[105] Bien entendu, le socialisme se doit de répartir harmonieusement les forces productives sur les territoires ce qui passe notamment par la mise à disposition d'une force de travail supplémentaire à l'agriculture et aux forêts, l'arrêt de la construction dans les grandes villes, prélude à leur destruction, toutes choses qui n'excluent pas l'expropriation et la réquisition de logements pour soulager immédiatement les difficultés des mal-logés et des sans-abri.

cloporte. Une politique interdisant le salariat et favorisant les regroupements de type coopératif, cherchant à convaincre par l'exemple à l'instar des programmes agraires des partis ouvriers est une des voies de transition proposée par le marxisme.

Ainsi, avec le capital, ce n'est pas seulement le rapport social dans son entier qui est condamné, mais aussi tous les éléments qui le composent. L'entreprise, comme cellule de base de la production capitaliste où se déploie le capital, est en crise. Aucune recette économique, fiscale ou sociale ne peut représenter pour elle une planche de salut. Seul son remplacement par l'association des producteurs, c'est-à-dire par une société communiste peut permettre à l'humanité de continuer à exister et à se développer harmonieusement.

Annexe 1 : Ah dieu ! Que la directrice financière est jolie !

Pour la théorie de Marx, l'intérêt est une composante de la plus-value. Le partage de la plus-value entre la rente foncière, l'impôt, l'intérêt, le profit d'entreprise, les salaires de direction, le salaire de la classe moyenne et les moyens de production utilisés par celle-ci font l'objet d'analyses d'importance variée du fait de l'inachèvement de son œuvre.

En ce qui concerne le partage du taux de profit moyen entre le taux de profit d'entreprise et le taux d'intérêt, Marx montre que l'on doit considérer que le profit sur le capital avancé (qu'il soit emprunté ou non) doit être décomposé en profit d'entreprise et intérêt ; la somme des deux reconstituant le profit moyen. Le partage entre les deux composantes dépend, pour un taux de profit moyen donné, des vicissitudes du taux d'intérêt dont l'analyse ne fait pas l'objet de cet article.

L'économiste financier moderne, harnaché d'un bric-à-brac théorique qui le fait ressembler à certains personnages de la Commedia dell'arte, produit des raisonnements qui sont autant d'incitations à pousser plus rapidement l'accumulation du capital dans les bras de la crise de surproduction.

Nos braves financiers raisonnent ainsi : je dispose de fonds propres qui sont accumulés à travers l'activité de l'entreprise. Si j'emprunte à un taux d'intérêt i et que je réalise grâce à cet argent un taux de profit supérieur au taux d'intérêt, je valorise d'autant mes fonds propres. Plus j'emprunte, plus mes fonds propres sont valorisés. C'est ce qu'on appelle l' « effet de levier ». Les Archimède du capital financier pourraient soulever la sphère et la bulle financières s'ils avaient un solide point d'appui. Las rapidement, l'effet de levier se transforme en coup de massue.

Le tour de passe-passe théorique consiste à ignorer qu'un taux d'intérêt théorique devrait s'appliquer aux fonds propres[106] (sans compter qu'en

---

[106] Nous ne traiterons pas ici de manière détaillée de la théorie de la création de valeur pour l'actionnaire. Dès lors qu'elle aboutit à fixer un taux de rendement des fonds propres supérieur au taux d'intérêt sur le capital emprunté, elle conduit le manager à favoriser l'emprunt avec la bénédiction de l'économiste (Modigliani et Mille, deux prix Nobel), ce qui conduit aux mêmes effets. Cette théorie qui cherche à concilier par ailleurs les intérêts du capital financier, de la propriété et les attributs du manager conduit encore plus rapidement à la surproduction, aux calculs à courte vue et à la surconsommation de la plus-value.

bonne logique, la rémunération des fonds propres est constituée de dividendes dont le calcul se fait sur la base du taux d'intérêt) et que le profit d'entreprise doit être rapporté à l'ensemble du capital avancé et pas seulement au capital possédé en propre. La confusion entre les intérêts de la propriété du capital et la fonction du manager capitaliste qui est tournée vers la recherche du maximum de profit et l'accumulation du capital sans se préoccuper de l'origine des fonds ajoute à la fragilité de la construction théorique.

Supposons un capital avancé de 1 000 € détenu par les actionnaires de l'entreprise. Supposons que le manager salarié de l'entreprise ait obtenu un crédit bancaire de 1 000 €. Le taux d'intérêt est de 5% et le taux de profit moyen de 20%.

Pour la théorie de Marx, le bilan théorique est le suivant :
Capital avancé : 1 000 € + 1 000 € = 2 000 €
Taux de profit moyen : 20% d'où un profit de 400 €
Taux d'intérêt : 5% d'où une charge d'intérêt de 50 € et le paiement potentiel d'un dividende de 50 € aux actionnaires.
Taux de profit d'entreprise 15% soit un profit de 300 € ou encore (400 € - (50 € +50 €)).

Pour la théorie financière moderne nous avons :
Marge brute : 400 €
Charge d'intérêt : 50 €
Marge nette : 350 €
Rentabilité des fonds propres : 350/1000 = 35 %

Supposons que le manager ait la possibilité d'emprunter 1 000 € supplémentaires mais que la rentabilité générale de ces nouvelles affaires liées à l'extension de la production soit seulement de 10%.

Le bilan marxien devient :
Capital avancé : 3 000 €
Profit : 500 €. Le taux de profit moyen baisse : 16,6%
Charge d'intérêt : 100 €, dividendes potentiel : 50 €
Il reste donc un profit d'entreprise de 350 € qui tombe donc à 11,6%. C'est avec celui-ci que le manager devra faire face au développement ultérieur, à l'accumulation sur une base élargie.

Par contre pour la théorie financière nous avons :
Marge : 500 €
Charge d'intérêt : 100 €

Marge nette : 400 €
Rentabilité des fonds propres : 400/1000 = 40%

Là où le manager devrait faire preuve de prudence et évaluer avec d'autant plus d'acuité l'intérêt des nouveaux investissements qu'il s'apprête à faire, son mauvais génie financier est gagné par l'euphorie et le pousse à emprunter. Le banquier qui escompte doubler son revenu sera également ravi de pouvoir prêter à une entreprise dotée d'aussi bonnes perspectives. Il prêtera d'autant plus aisément qu'il ne s'agit pas de ses fonds propres. Au moindre retournement de la conjoncture, retournement que l'orgie générale de crédit ne fait qu'amplifier, lorsque le taux de profit se détériore brutalement, on se retrouve avec des entreprises qui font face avec difficultés à leurs échéances de remboursement tout en réduisant considérablement leurs marges de manœuvre vis-à-vis d'une accumulation gage de leur développement, tandis que les banques accumulent les créances irrécouvrables.

C'était notre chapitre, l'imbécillité de la théorie bourgeoise, le conflit entre les managers et le capitaliste financier, la poursuite de l'intérêt personnel, le mercantilisme à courte vue, favorisent et aggravent la crise de la société bourgeoise dont ils sont des composantes organiques.

Régulièrement la bourgeoisie se pose la question du réalisme de ses élites. N'en faites rien Messieurs ! Conservez l'ENA, remplissez les écoles de commerce, distribuez des prix Nobel aux économistes (financiers). Bien placés aux postes clés de la société bourgeoise ils épargneront au parti révolutionnaire quelques révolutionnaires professionnels !

Annexe 2 : Pan Pan Cul Cul

Monsieur Jacques Attali, par le passé, s'est distingué comme conseiller du Président de la République François Mitterrand, en impulsant une politique de relance à contretemps par rapport à la conjoncture internationale, politique qui a coûté des milliards à Marianne et des dizaines de milliers de chômeurs supplémentaires. Il est ensuite devenu Président de la BERD (à ne pas prononcer avec le nez bouché, même si une odeur nauséabonde s'en dégage) où il se fit remarquer par ses dépenses somptuaires et ostentatoires. Il y laissera cependant un souvenir plus court que ses notes de frais.

Monsieur Attali, outre son frein, est un grand rongeur de mot. Donnez-lui un mot[107] il en fait au moins un article. "Le Monde" (14 janvier 1998) manque cruellement de copie et ce n'est pas un journal à faire la fine bouche devant les anciennes agapes de l'ex Président de la BERD. Ce jour-là Monsieur Attali y jouait avec le mot « panique ».

Le bruit, le temps, le bruit du temps, le temps du bruit, le virtuel, le nomade, le temps virtuel du nomade bruyant, … ; la plume lisse glisse sans hélice. Vogue la galère chargée de mots ! Le temps d'une copie, le mot bruit, se glisse, se tourne et se retourne, se défait, se charge de sens et de contresens. C'est la grande vadrouille du mot. Hélas c'est là qu'est l'os de notre rongeur.

Avec le mot « panique » Monsieur Attali aurait également pu faire un parallèle avec l'ouverture d'échec du même nom, mais les échecs étant son terrain de prédilection, il a préféré le placer sous le patronage du dieu Pan, ami des troupeaux, et sans doute, c'est un dieu satyre, niqueur des bergers.

Selon l'ancien sherpa, les crises de surproduction, ne seraient pas dues au caractère limité et donc historique de la production capitaliste dont le but étriqué, la recherche du maximum de survaleur (plus-value) entre en contradiction avec le développement de la force productive du travail. A l'en croire, le capital pourrait accumuler tant et plus, le capital fictif se dilater à l'infini, un crédit chassant l'autre, mêlant dans un même creuset survaleur (plus-value) et plus-values, si malheureusement n'existait pas cette maudite économie de la panique qui nous guette pour nous précipiter dans l'abîme.

---

[107] Certains se sont plaints que quand il est en manque, il n'hésite pas à en emprunter chez les voisins. Ces gens-là l'appellent un plagiaire.

Une telle conception aboutit à se représenter l'économie bourgeoise comme ces personnages de dessin animés dont le sol ne se dérobe sous eux que parce qu'ils prennent peur en découvrant subitement le vide qu'ils surplombent depuis longtemps. Sans cette peur subite, sans cette panique, ils pourraient se maintenir au-dessus de l'abîme et continuer à avancer. Voilà certes un grand raisonnement ! Jésus marchait sur l'eau, et la société traverserait sans encombre l'océan de la suraccumulation et du capital fictif sans cette maudite panique. Monsieur Attali, lui, marche sur la tête. La loi de la gravité n'existe pas ; ce n'est que la conscience de la pesanteur qui la rend opérante. L'économie vulgaire de Monsieur Attali nage en plein mysticisme. Culbutons la science ! vive la panique !

La crise n'a pas uniquement ses racines dans le mouvement du capital fictif mais elle se trouve également, tout particulièrement, au cœur du mode de production, dans la sphère du capital producteur de plus-value (survaleur), toute chose qu'ignore Monsieur Attali. On pourrait également lui faire remarquer que du moment que le mode de production capitaliste est régulièrement en proie à des crises de surproduction que ce soit du fait de ses propres lois, comme notre parti l'a démontré depuis des dizaines d'années, ou du fait de la panique des agents, ne modifie pas le résultat et en fait un moment organique du cycle de l'accumulation capitaliste.

La seule issue positive à ce mouvement est la révolution communiste avec l'avènement d'une société sans classes, sans Etat, sans salariat. Mais, de même qu'il occulte les racines véritables de la crise en ignorant le but véritable de la production capitaliste qui repose sur l'exploitation du prolétariat, il est au-dessus des forces de Monsieur Attali de tirer une telle conclusion quant à la nécessité du communisme.

C'est que Monsieur Attali appartient à un grand parti. Le parti de ceux qui, alors que le cadavre de Jaurès était encore chaud, entonnaient des chants martiaux en précipitant le prolétariat mondial dans un des plus grands carnages de l'histoire, le parti des assassins de Rosa Luxemburg, le parti qui négociait avec le fascisme, le parti des traîneurs de sabre colonial et des fauteurs de guerre : le parti social-démocrate.

Après le mysticisme des causes vient la panoplie des utopies réactionnaires censées améliorer la stabilité de la production capitaliste : la vérité, la démocratie, l'impérialisme militant, le protectionnisme financier, le renforcement des ressources des organisations internationales, l'intervention de l'Etat, la culture de la différence. Un magnifique bric-à-brac théorique et pratique que Monsieur Attali devrait s'empresser de breveter s'il veut toucher des droits d'auteur.

Du même auteur

Le marxisme de la chaire et les crises (à paraître)
Le marxisme et la république démocratique (à paraître)

D'autres textes sont disponibles sur le site www.robingoodfellow.info

Robin Goodfellow Editions
BP 60048
92163 Antony cedex
France
ISBN : 978-2-9535880-1-9
Dépôt légal : Février 2013

ISBN 978-2-9535880-1-9
9 782953 588019

http:// www.robingoodfellow.info
robin.goodfellow@robingoodfellow.info

Titre : Crise du capital, crise de l'entreprise
Type de document : Texte imprimé
Auteur : Robin Goodfellow
Lieu d'édition : Paris
Editeur : Robin Goodfellow
Date d'édition : Février 2013
Collation : 104 p.
Présentation : Couverture en couleur
Format : 22,86 cm (9 pouces)
ISBN : 978-2-9535880-1-9
Langues : Français (Fre)
Imprimeur : lulu.com
Imprimé en France
Graphique de la couverture : extrait d'un graphique du BEA (Bureau of economic analysis, http://www.bea.gov)
Vente en ligne : lulu.com

Made in the USA
Monee, IL
08 November 2026

67380788R00062